Eva Moser

Zukunft braucht Herkunft

Eva Moser

Zukunft
braucht
Herkunft

Das Gebäude der IHK für München
und Oberbayern im Wandel der Zeit

Volk Verlag München

Vorwort

1901 fand die feierliche Eröffnung des „Hauses für Handel und Gewerbe" statt. Der Architekt Friedrich von Thiersch hatte für die Münchner IHK und die Börse ein Gebäude geschaffen, das den Zeitgenossen als beispielhaft für das „künstlerische Können und Streben" der damaligen Epoche galt. Zehn Jahre danach entwarf der Baukünstler Gabriel von Seidl für die Antiquitätenhändlerfamilie Drey ein Wohn- und Geschäftshaus auf dem Nachbargrundstück und setzte damit ebenfalls ein architektonisches Glanzlicht. Später kam es in den Besitz der Kammer. Nach 110 Jahren war eine umfassende Generalsanierung des gesamten Gebäudekomplexes notwendig. Die beiden historischen Häuser waren nicht für die Anforderungen des modernen Bürobetriebs ausgelegt, die Statik bereitete allergrößte Probleme. Auch die Auflagen des Brandschutzes und der Versammlungsstättenverordnung ließen sich kaum noch erfüllen. Die Generalsanierung war eine der großen Herausforderungen in der Geschichte der IHK für München und Oberbayern. Die wirtschaftliche Kosten-Nutzen-Analyse, die Wertsteigerung des Hauses und die exzellente Lage sprachen für diesen Schritt. Auch aus kultureller Verpflichtung gegenüber dem denkmalgeschützten Bauensemble stellte sich die IHK für München und Oberbayern dieser Aufgabe. Heute setzt das IHK-Stammhaus wieder einen wertvollen und starken städtebaulichen Akzent im Herzen Münchens. Es vereint Tradition und moderne Funktion.

Der vorliegende Band erinnert bilderreich an die wichtigsten Etappen der IHK-Zentrale. Grundlage dafür war das 1998 erschienene Buch „Eine Zierde der Stadt München – Maximiliansplatz. Das Gebäude der Industrie- und Handelskammer im Wandel der Zeit", das die damalige Leiterin des Bayerischen Wirtschaftsarchivs, Angela Toussaint, verfasst hat. Sie hat sich als erste mit dem baulichen Erbe der Industrie- und Handelskammer umfassend und kenntnisreich auseinandergesetzt und ihre Darstellung in die Zeitbezüge eingebettet. Wir sind ihr dafür zu großem Dank verpflichtet. Ihre Nachfolgerin Eva Moser greift diese Tradition wieder auf und spinnt den Faden ihrer Schilderung bis zur ersten IHK-Vollversammlung im neu eröffneten Börsensaal am 4. Dezember 2019.

Dr. Eberhard Sasse

Präsident,
IHK für München und Oberbayern

Dr. Manfred Gößl

Hauptgeschäftsführer,
IHK für München und Oberbayern

Grußbotschaften

Die IHK für München und Oberbayern ist einer der wichtigsten Akteure im wirtschaftlichen Leben des Freistaats. Sie vertritt rund 400.000 Betriebe und ist damit bundesweit die größte IHK. Sie steht für Leistung und Innovation, für gesellschaftliche Verantwortung und eine erfolgreiche Soziale Marktwirtschaft. Mit der Bayerischen Staatsregierung pflegt sie ausgezeichnete Kontakte und ist ein wichtiger Ansprechpartner für Politik und Verwaltung.

Ihr 175-jähriges Bestehen konnte sie mit einem besonderen Ereignis im Jahr 2019 feiern. Die Wiedereröffnung ihres Stammhauses in der Max-Joseph-Straße schuf einen ausgezeichneten Rahmen für eine Fortsetzung ihres erfolgreichen Wirkens. Die Entscheidung, am traditionsreichen Standort festzuhalten und das historische Gebäude einer gründlichen Sanierung zu unterziehen, war richtig. Hier schlägt nun wieder das Herz einer der stärksten Wirtschaftsregionen Europas. Gesichert wurde damit auch ein wertvolles Baudenkmal im Zentrum der Landeshauptstadt.

Alles Gute für die weitere Arbeit im Dienst der Wirtschaft in München und Oberbayern!

Markus Söder
Bayerischer Ministerpräsident

Seit die Handels- und Gewerbekammer 1901 das von dem Architekten Friedrich von Thiersch geschaffene „Haus für Handel und Gewerbe" am Maximilians-platz 8 bezog, kann unser Freistaat auf eine beeindru-ckende Entwicklung zurückblicken. Bayern hat sich von einer vornehmlich landwirtschaftlich geprägten Region mit nur wenigen industriellen Zentren zu einem der erfolgreichsten und wohlhabendsten Standorte Europas entwickelt.

Der in München geborene Dichter Christian Morgenstern sagte einst: „Zeige mir, wie du baust, und ich sage dir, wer du bist". Dieses Zitat verkörpert ganz treffend das Zusammenwirken von Gebäude und dem Selbstverständnis der IHK für München und Oberbayern. Die Entscheidung für die Sanierung des historischen Stammhauses und gegen einen modernen Neubau beschreibt das Selbstbild der IHK für München und Oberbayern. Denn Bayern und die IHK München haben es verstanden, sich selbst treu zu bleiben und ihre kulturellen Wurzeln und Traditionen zu bewahren.

Die IHK für München und Oberbayern ist heute die größte in Deutsch-land und zugleich eines der größten Unternehmensnetzwerke in Europa. Für die Herausforderungen der Zukunft wie den technologischen Wandel, Transformationsprozesse in der Industrie und neue Entwicklungen in der Energiepolitik ist sie gut gewappnet. Sie war und ist stets ein wichtiger und zuverlässiger Partner der Unternehmen und des Bayerischen Wirtschafts-ministeriums. Gemeinsam gehen wir gestärkt in die Zukunft.

Hubert Aiwanger

Hubert Aiwanger

Bayerischer Staatsminister für Wirtschaft, Landesentwicklung und Energie
Stellvertretender Ministerpräsident

Das denkmalgeschützte Stammhaus der IHK für München und Oberbayern in der Max-Joseph-Straße ist ein Stück München und auch ein Stück Münchner Wirtschaftsgeschichte. Stadt und Wirtschaft schätzen es vor allem auch als Ort der Begegnung und des Austausches. Ich freue mich daher sehr, dass die IHK dieses städtebaulich bedeutende Gebäude aufwendig generalsaniert hat und es ihr nun wieder ein repräsentatives und funktionsgerechtes Zuhause bietet.

Herzlichen Dank für dieses Engagement und auf weiterhin gute Zusammenarbeit.

Dieter Reiter

Oberbürgermeister der
Landeshauptstadt München

Abb. 1
Festungsgürtel der Stadt München, Ausschnitt aus einem Kupferstich von Matthäus Seutter, 1742

Links im Bild die Jungfrauen-Bastion ungefähr auf der Höhe des heutigen Platzes der Opfer des Nationalsozialismus; rechts die Kapuziner-Bastion in der Nähe des späteren Bernheimer-Palais am heutigen Lenbachplatz.

„Aus grauer Stätte Mauern": der Maximiliansplatz

Ende des 18. Jahrhunderts platzte die Königliche Haupt- und Residenzstadt München aus allen Nähten. Der neue Kurfürst Karl Theodor (1777–1799) hatte allein 3.000 Hofangehörige im Gefolge, als er von Mannheim kam. Die Fläche Münchens war seit 1500 gleich geblieben, doch lebten dreimal mehr Menschen – nämlich rund 37.000 Bewohner – in der Isarmetropole. Die rasante Bevölkerungszunahme ließ schon damals die Mietpreise steigen. Die weitgehend erhaltenen mittelalterlich-frühneuzeitlichen Befestigungsanlagen hemmten aber das Wachstum der Stadt. Der Festungsgürtel behinderte zudem den Durchgangs- und Warenverkehr. Auch genügten die maroden Bastionen und Festungsbauten schon längst nicht mehr den Erfordernissen moderner militärischer Verteidigung, denn ihre Instandhaltung war über die Jahrzehnte hinweg vernachlässigt worden.

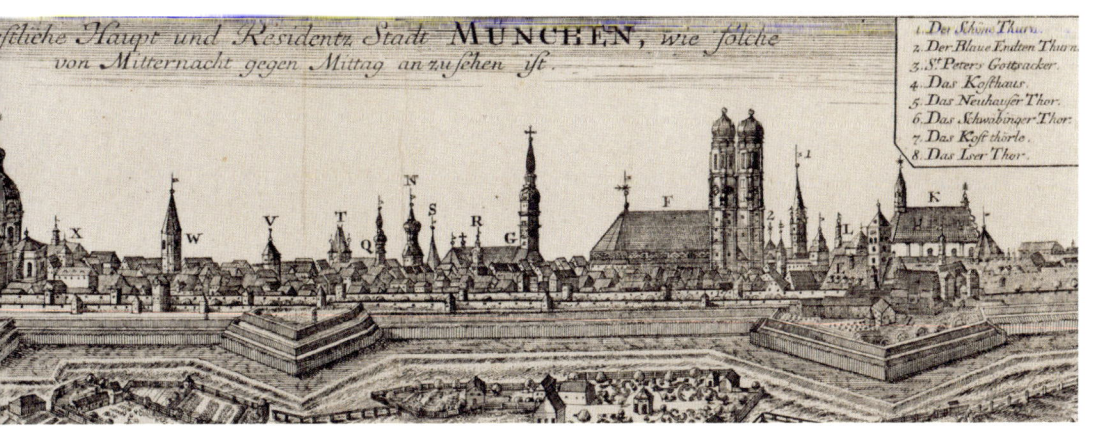

1795 erklärte daher der bayerische Kurfürst Karl Theodor, dass „München keine Festung seie, sein könne – noch sein solle". 1802 erteilte sein Nachfolger, Kurfürst Max IV. Joseph und späterer König Maximilian I., die Genehmigung, den „Kapuzinergraben" – das Gelände des heutigen Lenbach- und Maximiliansplatzes – einzuebnen. Die neu entstandene Freifläche bot ausreichend Raum für die Abhaltung von Märkten und erhielt deswegen zunächst den Namen „Dultplatz". 1808/09 erfolgte zu Ehren des bayerischen Regenten die Umbenennung in Maximiliansplatz.

Abb. 2

Die Haupt- und Residenzstadt München in der zweiten Hälfte des 18. Jahrhunderts. Das Gebäude bei der Bastion links ist das Kapuzinerkloster.

Abb. 3

Das vor der Stadtmauer gelegene Kapuzinerkloster und die Speisung der Armen an der Klosterpforte, Kupferstich von Ferdinand Schiesl, um 1805

Das Kloster wurde im Zuge der Säkularisation abgebrochen. Die ehemalige Gruft mit den Gebeinen kam vorübergehend beim Bau des Bernheimer-Palais 1888/89 zum Vorschein.

Abb. 4
Erdarbeiten an den Wällen des noch offenen Kapuziner-grabens vor dem neuen Maxtor, um 1805

Das 1805 vollendete Maxtor war das jüngste Münchner Stadttor. Es sollte einen optisch attraktiven Abschluss der Prannerstraße zum Maximiliansplatz schaffen, der sich nach dem Abbruch der Befestigungsanlagen offen und leer erstreckte.

Abb. 5
**Abtragung der Befestigungs-
anlagen in München, Aquarell
von Friedrich Schiesl, um 1809**

Wie das Bild aus der Serie „Münchner Volks-
typen" zeigt, kamen beim Abtransport des
Erdreichs zahlreiche Frauen zum Einsatz.

106

Ansicht

in

Zu finden im

Abb. 6

Der Maximiliansplatz, 1825, nach einer Lithographie von Gustav Kraus

Blick auf die von Nikolaus Schedel von Greifenstein errichtete Häuserzeile am östlichen Rand des Maximiliansplatzes mit dem 1805 erbauten Maxtor. Im Hintergrund die Theatinerkirche, rechts daneben der Turm der Salvatorkirche.

Max-Thors

München

Dépôt in München

Wie das „Universal-Handbuch von München" 1845 festhielt, war er der größte der „Münchner Haupt-Plätze". Dort fanden die bedeutenden Militärparaden statt und in der Fastenzeit die Pferdemärkte. Ein halbes Jahrhundert lang schlugen an diesem Ort die Händler und Krämer der 1310 erstmals nachgewiesenen Jakobidult und der seit 1580 bestehenden Dreikönigsdult ihre Buden und Stände auf. Danach mussten sie aus „sanitären und ästhetischen Gründen" ihren Standort wechseln und auf den Johannisplatz in Haidhausen umziehen.

Für das Areal mit dem reichen Baumbestand der Eschenanlage nördlich der heutigen IHK bot sich um 1870 eine neue Nutzung an, nämlich für das Projekt einer „Industriehalle". Der Allgemeine Gewerbeverein, der Polytechnische Verein sowie der Architekten- und Ingenieurs-Verein wollten gerne in diesem Bau Lokalindustrieausstellungen unterbringen. Außerdem sollte er Platz für gewerbliche Fachschulen bieten, einen Hörsaal für wissenschaftlich-technische Vorlesungen aufnehmen und ein Musterlager mit Produkten der örtlichen Industrie beherbergen.

Doch der Umweltschutz machte die Planungen zunichte. Die Grünfläche der Eschenanlage mit ihren prachtvollen Bäumen sollte als „Aufenthaltsort für gesunde wie kranke Kinder" und als „Ruhestation für alte und gebrechliche Leute" unbedingt erhalten bleiben. Zusätzlich bekam der königliche Hofgarteninspektor Carl Effner den Auftrag, für den „von der Dult befreiten Maximiliansplatz" Gartenanlagen zu entwerfen. 1878 vollendete er seine Arbeiten.

Abb. 7
Plan für die „Industriehalle" in der Eschenanlage, 1872

Ein offizielles Gutachten des Kreis-Medizinal-Ausschusses von Oberbayern kam zu dem Schluss, dass die Bewahrung der Grünflächen „im Interesse der öffentlichen Gesundheit" sei. Dem konnten die Befürworter der „Industriehalle" nichts mehr entgegensetzen. Die Suche nach einem alternativen Standort blieb ergebnislos und das Projekt verlief im Sande.

Schon früh gab es Überlegungen, den westlichen Rand des Maximiliansplatzes zu bebauen. Franz Thurn, ein Architekt des Münchner Hofbauamtes,
entwarf bereits um 1802 dafür die Pläne. Beidseits der Max-Joseph-Straße
sollte eine geschlossene Häuserzeile entstehen. Doch konnte Thurn sein
Konzept nicht verwirklichen, nur wenige Bauten wurden errichtet, darunter die zwei Vorläufer des späteren IHK-Gebäudes.

Abb. 8
**Der neu gestaltete
Maximiliansplatz von
der Brienner Straße
aus gesehen, 1882**

Rechts im Bild die beiden
benachbarten Häuser Nummer 7
und 8, an deren Stelle sich heute
das IHK-Gebäude befindet.

Die Parzelle am Maximiliansplatz mit der späteren Hausnummer 8 erwarb
1808 der „Claviermacher" Ferdinand Sailer, der dort ein Haus errichten ließ.
Bereits zwei Jahre später musste er verkaufen. Den Zuschlag erhielt der
„Bürger und Gastgeber" Franz Albert senior, der hier die Weinwirtschaft
„Zum Goldenen Hahnen" eröffnete. In den 1840er Jahren wechselte das
Gasthaus Besitzer und Namen. Neuer Eigentümer wurde der Bierwirt Thomas
Achatz, der in dem nach ihm benannten Hotel-Restaurant gepflegte Gast-
lichkeit bot.

Das angrenzende Nachbarhaus (heute Max-Joseph-Straße 2) befand sich
im Besitz der gräflichen Familie Rechberg. Allmählich kam der „Achatz"

jedoch in die Jahre. Die Wirtsleute Joseph und Elise Trost, seit 1890 neue Inhaber, ließen einen Musikpavillon errichten, um den Gästen mit Konzerten eine zusätzliche Attraktion zu bieten. Sieben Jahre später waren ihre Mittel erschöpft und das „Etablissement" stand erneut zum Verkauf. Diesmal versuchte Eugen Petzolt, vorher Oberkellner im „Bayerischen Hof", sein Glück, allerdings vergebens. Schon 1898 kam das Anwesen wieder auf den Markt.

Abb. 9

Festwagen des Bauhandwerks vor dem Hotel-Restaurant Achatz am Maximiliansplatz 8, 1888

In Erinnerung an den 100. Geburtstag König Ludwigs I. sollte 1886 eine glanzvolle Centenarfeier stattfinden. Da in diesem Jahr sein Enkel König Ludwig II. auf tragische Weise zu Tode kam, wurden die Feierlichkeiten um zwei Jahre verschoben. Im Mittelpunkt stand ein prachtvoller Festzug mit reich dekorierten Wagen. Auch Industrie, Gewerbe und Baukunst waren vertreten. Das Bauhandwerk führte Nachbildungen der unter König Ludwig I. entstandenen Ludwigs- und Mariahilfkirche mit sich, die vor dem Hotel-Restaurant Achatz, damals im Besitz von Ludwig Schmöller, zur Besichtigung aufgestellt wurden.

HOTEL und Restaurant Achatz Bes. Eugen Petzolt
München.
Maximiliansplatz 8.

Abb. 10
Bildpostkarte des Hotel-Restaurants Achatz, um 1897

Die noble Aufmachung der Werbepostkarte mit voll besetzten Tischen und gut besuchtem Garten konnte nicht darüber hinwegtäuschen, dass der Hotelbesitzer Eugen Petzolt keinen geschäftlichen Erfolg hatte. Schon kurz nach dem Erwerb des Grundstücks musste er wieder verkaufen.

Das
Haus für Handel
und Gewerbe

Die Bauherren:
Börse und Handelskammer München

Für das zum Verkauf stehende Grundstück mit dem Hotel Achatz fanden sich rasch Interessenten. Zwei bedeutende Wirtschaftsorganisationen waren auf der Suche nach einem eigenen Domizil: die 1830 zugelassene Münchner Börse und die 1843 gegründete Münchner Handelskammer. Ihren Anfang nahm die Börse mit einer Kaufmannstube, der 78 ordentliche sowie vier außerordentliche Mitglieder angehörten. Neben dem Handel mit Staatspapieren war es die wichtigste Aufgabe der neuen Institution, dem Gewerbe und den frühindustriellen Unternehmen das notwendige Kapital zuzuführen. Nur wenige Jahre später erhielt die Börse jedoch einen neuen Träger, eine dem Stadtmagistrat unterstellte Zwangskorporation sämtlicher Münchner Kaufleute. Die wenigsten Mitglieder nahmen jedoch am Börsengeschäft teil, sodass es kaum Anreize für einen lebhaften Handel gab.

Abb. 11

Das erste Kursblatt der Münchner Börse vom 16. Dezember 1830

Neben Wechseln und Sorten sind zwölf Wertpapiere notiert, nämlich eine bayerische Staatsanleihe, vier österreichische Staatspapiere, sechs staatliche Losanleihen und die Aktie der Österreichischen Nationalbank.

Abb. 12
Der „Börsenbazar" nach einer Zeichnung von Peter Herwegen, 1881

1881 bezog die Börse als Hauptmieterin den sogenannten „Börsenbazar" in der Maffeistraße – einen Neubau nach dem Entwurf von
Prof. Albert Schmidt. Die Bilderfolge zeigt den Börsensaal (Mitte links)
und das prächtige Café „im Wiener Stil" (im oberen Bildrand).

Mit der Einführung der allgemeinen Gewerbefreiheit setzte der Aufschwung der Münchner Börse ein. Ihre Trägerschaft übernahm der im März 1869 ins Leben gerufene, unabhängige Münchner Handelsverein, der 200 Gründungsmitglieder aus Unternehmen und Persönlichkeiten der Münchner Wirtschaft zählte. Auch der Aufstieg Münchens zum Bankenplatz trug zur Aufwärtsentwicklung der Börse bei. Damals entstanden mit der Süddeutschen Bodencreditbank und der Bayerischen Vereinsbank zwei Finanzinstitute, die in großem Stil börsennotierte Pfandbriefe ausgaben. 1881 bezogen der Münchner Handelsverein und die Börse für zwei Jahrzehnte den ersten Stock in einem von dem Architekten Albert Schmidt gestalteten Neubaukomplex zwischen Maffei- und Schäfflerstraße, der nach den Hauptmietern den Namen „Börsenbazar" erhielt.

Abb. 13
Der Börsenvorstand 1898

Zu den Vorstandsmitgliedern gehörte auch Kommerzienrat Heinrich Aufhäuser, der 1870 sein Bankhaus gegründet hatte.

Auch die neu gegründete Münchner Rückversicherungs-Gesellschaft (heute Munich Re) mietete sich dort ein. Zwar war die Börse von Anfang an technisch bestens ausgestattet und nutzte die neue Errungenschaft der „Telephonie", doch die Räumlichkeiten erwiesen sich im Lauf der Zeit nicht mehr als angemessen. Sogar in „sanitärer Hinsicht" gab es schwerwiegende Bedenken.

Auch die Handelskammer München stand damals vor großen Raumproblemen. 1843 hatte König Ludwig I. ihre Gründung in seiner Haupt- und Residenzstadt genehmigt. Hauptaufgabe der neuen Institution war es anfangs, Verwaltung und Politik bei der „Förderung des Gewerbefleißes" zu beraten. Zunächst genügten dafür „fallweise Zusammenkünfte", doch mit einer Verordnung König Ludwigs II. vom Dezember 1868 wurde die Kammer zu einer ständigen Einrichtung.

Die Neuordnung des Kammerwesens brachte die direkte Wahl der ehrenamtlichen Repräsentanten. Die Verfügung schrieb auch erstmals die Beitragserhebung bei den Wahlberechtigten vor, die zunächst auf die Unternehmerschaft am Sitz der Kammer beschränkt war. Außerdem hatte die Handelskammer einen „fachwissenschaftlich gebildeten Sekretär" und das erforderliche „Hilfspersonal" anzustellen. Damit waren wichtige Voraussetzungen für eine beständige Kammerarbeit geschaffen. Dafür benötigte die Handelskammer auch ein festes Domizil und mietete sich im ersten Stock der Königlichen Münze an der Pfisterstraße zu einem „Mietzins von 450 Gulden jährlich" ein.

Abb. 14

„Gründungsurkunde" der Handelskammer München vom 7. April 1843

Mit dieser Verordnung genehmigte König Ludwig I. die Gründung einer Handelskammer in München und ernannte zwölf Vertreter aus dem örtlichen „Handels-, Fabrikanten- und Gewerbsstande" zu ihren Mitgliedern.

Der politische Zusammenschluss zum Deutschen Reich 1871 wirkte sich auch auf die Tätigkeit der neu konstituierten Handels- und Gewerbekammer für Oberbayern aus. Sie sah sich einer Fülle neuer Fragestellungen von gesamtdeutscher Bedeutung gegenüber: die Vereinheitlichung der Währung wie auch der Maße und Gewichte, die Schaffung einheitlicher Rechtsgrundlagen für das Wirtschaftsleben, der Ausbau des Eisenbahnnetzes, der Aufbau der Sozialversicherung. Sie war aber auch im Interesse der zugehörigen Unternehmen mit Problemen ihres eigenen Kammerbezirks befasst wie z. B. der Versorgung der Stadt München mit elektrischer Energie. Mit steigenden Anforderungen und zunehmendem Personal genügten die angemieteten Räume bei Weitem nicht mehr, wie der Jahresbericht der Handels- und Gewerbekammer von 1890 festhält.

Regierungs-Blatt

für das
Königreich Bayern.

Nro. 12.

München, Montag den 24. April 1843.

Inhalt:

Errichtung von Handelskammern.

Seine Majestät der König haben unterm 7. April l. Js. die Bildung einer Handelskammer in München zu genehmigen und zu Mitgliedern derselben zu ernennen geruht:

I. Aus dem Handelsstande:

1) den Banquier Simon Freiherrn von Eichthal,
2) „ Kaufmann Franz Lindauer,
3) „ „ Friedrich Reichenbach, genannt Lorey,
4) „ „ Philipp Diß,
5) den Kaufmann Xaver Stießberger,
6) „ „ Friedrich Buchner.

II. Aus dem Fabrikantenstande:

1) den Fabrikanten Joseph Ritter von Maffei,
2) „ „ Riemerschmid,
3) „ „ Sebastian Streicher.

III. Aus den Gewerbsmeistern:

1) den Wachslichterfabrikanten Wittenberger,
2) „ Schwertfeger Strobelberger,
3) „ Silberarbeiter Karl Weishaupt.

Abb. 15
König Ludwig I. von Bayern,
(1825 – 1848)

Obwohl das Hauptinteresse des Königs der Kunst und
der Architektur galt, sorgte er dafür, dass Bayern nicht
den Anschluss an die Industrialisierung versäumte. In
seiner Regierungszeit entstanden das erste bayerische
Eisenbahnnetz und die Kanalverbindung von Donau
und Main.

Abb. 16

Der Eisenbahnpionier Joseph Anton von Maffei (1790–1870), erster Präsident der Handelskammer München, 1843

Einer der vielseitigsten Wegbereiter der Industrialisierung in Bayern war der Unternehmer Joseph Anton Ritter von Maffei. Frühzeitig erkannte Maffei die Bedeutung der Eisenbahn als Wachstumsmotor für die Wirtschaft. Er setzte sich für den Bau der München-Augsburger Eisenbahn ein. 1838 erwarb er dazu in der Hirschau am Englischen Garten eine Hammerschmiede mit Wasserkraftwerk, wo er auf eigene Kosten mit der Produktion der ersten bayerischen Lokomotive begann. 1843 wurde er der erste Präsident der neu gegründeten Münchner Handelskammer.

Abb. 17

Der Hof des Münzgebäudes, Zeichnung von Anton Doll, um 1880

Ursprünglich für Herzog Albrecht V. als „Kunstkammer" errichtet, war dort seit 1809 die staatliche Münze untergebracht. 30 Jahre lang – von 1869 bis 1901 – hatte die Handels- und Gewerbekammer für Oberbayern hier ihren Sitz.

Abb. 18

Sitzungssaal der Handelskammer im Gebäude der Königlichen Münze an der Pfisterstraße, um 1890

1869 hatte die Kammer in der Münze einen Sitzungssaal und bescheidene Büroräume angemietet. Doch mit den zunehmenden Aufgaben wuchs auch das Raumproblem und ein neues Domizil wurde notwendig.

Die Aktiengesellschaft Haus für Handel und Gewerbe

Der Münchener Handelsverein hatte sich bereits zu einem Neubau entschlossen und fand ein geeignetes Grundstück in der Prannerstraße an der Ecke zur heutigen Kardinal-Faulhaber-Straße, wo später die Bayerische Staatsbank bauen sollte. Doch konnte er die Kosten des Projekts nicht finanzieren. Eine Anfrage bei der Handels- und Gewerbekammer blieb zunächst ohne Erfolg, vermutlich weil sie zu spät in die Planungen eingebunden wurde und das finanzielle Risiko scheute.

Als jedoch 1898 die Kündigung ihrer Mieträume in der Münze drohte, ergriff diesmal sie die Initiative. Zu den treibenden Kräften gehörte Kommerzienrat Johann Carl von Weidert, Mitinhaber des Bank- und Speditionsgeschäfts Gutleben & Weidert. Er amtierte seit 1873 in ununterbrochener Folge als Erster Vorsitzender der Kammer. Nachhaltige Unterstützung fand er beim Schatzmeister der Kammer, Kommerzienrat Emil Wilhelm, Vorstand der Firma Franz Kathreiners Nachfolger, die als größte Kolonialwarenhandlung des deutschen Kaiserreichs galt.

Abb. 19

Kommerzienrat Johann Carl von Weidert (1829–1906)

Der Privatbankier Johann Carl von Weidert war Teilhaber des angesehenen Bank- und Speditionsgeschäfts Gutleben & Weidert. Er setzte sich für den Ausbau des deutschen Verkehrsnetzes und der Außenhandelsbeziehungen ein. Von 1870 bis 1884 und von 1887 bis 1905 wirkte er als Gemeindebevollmächtigter und Finanzreferent der Stadt München. Von 1875 bis 1881 saß er für die Vereinigten Liberalen im Bayerischen Landtag. Außerdem wirkte er als griechischer Generalkonsul. 1880 erfolgte seine Ernennung zum Kommerzienrat. Von 1873 bis 1906 engagierte er sich als Präsident der Handels- und Gewerbekammer – es ist die längste Amtszeit ihrer Geschichte.

Zum Baukomitee zählte außerdem noch der Bankier Kommerzienrat Simon Lebrecht, Inhaber des gleichnamigen Bank- und Wechselgeschäfts. Er fungierte als Verbindungsmann zum Münchener Handelsverein, dessen Vorstand er als erster Schriftführer angehörte. Auch der Erste Vorsitzende des Handelsvereins, Dr. Friedrich Klee, Direktor der Bayerischen Hypotheken- und Wechsel-Bank AG, war in das Bauprojekt miteingebunden. Aus dem Bereich des Handwerks, das bis 1908 auch durch die Kammer vertreten wurde, engagierten sich der Baumeister und Architekt Heinrich Krefft und der Dekorationsmaler Johann Meier.

Abb. 20

Kommerzienrat Emil Wilhelm (1844–1919)

1870 erwarb der aus dem oberfränkischen Lichtenfels stammende Emil Wilhelm in München eine 1829 von Franz Kathreiner gegründete kleine Kolonial- und Farbwarenhandlung. Zusammen mit seinem Kompagnon Adolf Brougier baute er sie in der Folgezeit zu einem der größten Unternehmen der Kolonialwarenbranche im deutschen Kaiserreich aus. 1891 wurde er mit dem Titel eines Kommerzienrates ausgezeichnet. Von 1886 bis 1908 gehörte er dem Vorstand der Handels- und Gewerbekammer an, seit 1892 als Schatzmeister und Vizepräsident.

Abb. 21

Der Münchner Bankier Kommerzienrat Simon Lebrecht (1854–1911), Kolorierte Zeichnung von Fritz Quidenus, 1925

Der Inhaber des gleichnamigen Bankhauses war Mitglied der Handelskammer München und gehörte zugleich dem Vorstand des Münchener Handelsvereins an. In dieser Doppelfunktion setzte er sich nachhaltig für das Bauvorhaben am Maximiliansplatz ein.

Krefft war es, der sich in einer geheimen Sitzung für das Grundstück des Hotels Achatz am Maximiliansplatz einsetzte. Die Lage auf dem locker bebauten ehemaligen Festungsgraben der Stadt bot die Möglichkeit, einen Neubau mit „monumentalem Charakter" zu verwirklichen. Im Gespräch war ein Verkaufspreis von 850.000 Mark. Auf Anregung von Schatzmeister Wilhelm sollte zur Finanzierung eine Aktiengesellschaft ins Leben gerufen werden. Ihm gelang es, in den Verhandlungen mit dem Eigentümer und Hotelier Eugen Petzolt einen Nachlass von 50.000 Mark zu erreichen. Für den Geschäftsabschluss konnte er einen langjährigen Pachtvertrag für das geplante Café-Restaurant im Erdgeschoss des Neubaus in Aussicht stellen.

Für die Gründung der Aktiengesellschaft war es notwendig, dass die Handels- und Gewerbekammer den Charakter einer juristischen Person erhielt, was seine Königliche Hoheit Prinzregent Luitpold am 13. Juli 1898 genehmigte. Eine Woche später stellte der Königliche Notar Dr. Jakob Schulmann die Gründungsurkunde aus. Die Liste der anwesenden Gründer liest sich wie ein Who's who der führenden Persönlichkeiten der Münchner Wirtschaft. Zusätzlich zum fünfköpfigen Gremium leisteten der Großhändler und Zweite Vorsitzende des Münchener Handelsvereins Johann Nepomuk Mayr und für die Kammerseite Kommerzienrat Franz Radspieler sowie der Likör- und Essigfabrikant Dr. Carl Riemerschmid in seiner Doppelfunktion als Kammermitglied und Vorstandsmitglied des Münchener Handelsvereins ihre Unterschrift. Das Grundkapital von 300.000 Mark verteilte sich je zur Hälfte auf Handelsverein und Kammer. Die Kammer war gut vorbereitet, denn sie hatte bereits seit einer Reihe von Jahren aus ihren Überschüssen eine Rücklage für das große Bauprojekt gebildet. Zusätzlich waren noch 1,13 Millionen Mark erforderlich, für die die neue Aktiengesellschaft dreiprozentige, durch Hypotheken abgesicherte Schuldverschreibungen ausgab.

Haus für Handel u. Gewerbe A.-G. in München

1000 MK. **1000 MK.**

3% № 0702 3%

Schuldverschreibung

zu

TAUSEND MARK

Reichs Währung.

Der Inhaber dieser Schuldverschreibung ist mit Mk. 1000.— an dem von der Aktiengesellschaft „Haus für Handel und Gewerbe" in München auf Grund des rückseits im Auszuge gedruckten Schuld- und Hypothekenbriefes vom heutigen Tage aufgenommenen Anlehen zu Mk. 1,300.000 beteiligt. Das Anlehen ist mit 3% verzinslich und erfolgt die Zinszahlung halbjährig am 1. Mai und 1. November.

MÜNCHEN, am 23. Oktober 1899.

Haus für Handel und Gewerbe

Wilhelm *Schwarz*

G. FRANZ'SCHE HOFBUCHDRUCKEREI (G. EMIL MAYER) MÜNCHEN

Das Angebot erwies sich als sehr attraktiv, innerhalb kurzer Zeit war ein Großteil der Papiere gezeichnet. Dann ging es Schlag auf Schlag: Bereits am 27. Juli 1898 erwarb die Aktiengesellschaft Haus für Handel und Gewerbe endgültig das Achatz-Anwesen – bestehend aus „Wohnhaus mit Wirtschaftslokalitäten, Saal mit Terrasse, Keller, Küche, Fleischkammer, Kneiplokal, Pissoir, bewohnbarem Seitengebäude, Stallung mit Remise und Garten mit Musikpavillon".

Eugen Petzolt wurde jedoch nicht zum reichen Mann, er musste große Darlehen ablösen und ihm blieben aus dem Geschäft gerade einmal 30.000 Mark. Schon am 4. August schrieb die Aktiengesellschaft einen Architektenwettbewerb aus und Anfang November wurden die eingereichten Pläne im Alten Rathaussaal ausgestellt. Zur fünfköpfigen Jury aus ausgewiesenen Fachleuten gehörten Kommerzienrat Franz Radspieler und der Dekorationsmaler Johann Meier, Stadtbaurat August Voit als Vertreter des Münchner Architekten- und Ingenieurs-Vereins sowie der Architekt Georg Hauberrisser, der Münchens neues Rathaus entworfen hatte, und der Architekt Carl Hocheder, der das Müllersche Volksbad gebaut hatte.

Abb. 22
Schuldverschreibung der Haus für Handel und Gewerbe AG, 1899

Die Aktiengesellschaft Haus für Handel und Gewerbe bestand bis 1937. Dann ging das Gebäude am Maximiliansplatz je zur Hälfte in das Eigentum der Kammer und des Münchener Handelsvereins über.

Der Architekt:
Friedrich von Thiersch (1852–1921)

Der erste Preis des Planungswettbewerbs ging an einen Stararchitekten der damaligen Zeit: Friedrich von Thiersch. Der gebürtige Marburger stammte aus einer bekannten Gelehrtenfamilie und kam als Zwölfjähriger mit seinen Eltern nach München, wo sein gleichnamiger Großvater als bedeutender Philologe und Pädagoge wirkte: Dieser war Rektor der 1826 von Landshut nach München verlegten Universität, Präsident der Bayerischen Akademie der Wissenschaften, aber auch Reformer des bayerischen Gymnasialwesens. Der eher verträumte Enkel hatte es auf dem Gymnasium nicht leicht und absolvierte daher 1868 die Oberrealschule in Schwäbisch Hall. Im gleichen Jahr trat er in das Stuttgarter Polytechnikum ein. Er hatte seine Bestimmung gefunden, denn die Abschlussprüfung 1873 bestand er als Jahrgangsbester. Nach seinem Militärdienst als Einjährig-Freiwilliger bei der Artillerie in Augsburg erhielt er seine erste Stelle im Frankfurter Architekturbüro Mylius & Bluntschli. Dort erwarb er beim Bau des Hotels „Frankfurter Hof" und beim Wettbewerb für das Hamburger Rathaus wichtige praktische Erfahrungen. Doch Thiersch wollte auch seine kunstgeschichtlichen Kenntnisse vertiefen und machte sich ab 1877 für anderthalb Jahre auf den Weg nach Italien und

Abb. 23
Friedrich von Thiersch

Für die Fertigstellung des Justizpalastes zeichnete Prinzregent Luitpold den Architekten im Jahr 1897 mit dem Verdienstorden der Bayerischen Krone aus. Damit verbunden war die Erhebung in den persönlichen Adelsstand.

Griechenland. Seine Reisekasse stockte er unterwegs mit Zeichnungen für verschiedene Verlage auf. Nach seiner Rückkehr eröffnete Thiersch zunächst ein eigenes Architekturbüro in Frankfurt. Doch 1879 wurde er zum außerordentlichen Professor für „Innendekoration und malerische Perspektive" an die Königlich-Technische Hochschule in München berufen. Im August 1882 erhielt er hier als Nachfolger Gottfried Neureuthers die ordentliche Professur für höhere Baukunst. Den beruflichen Durchbruch verdankte er seiner Teilnahme am Wettbewerb für den Bau des Berliner Reichstagsgebäudes, bei dem er nur knapp unterlag. Dafür kam er später bei der Großen Festhalle in Frankfurt und beim Kurhaus in Wiesbaden zum

Zug, das nach seiner Fertigstellung als das „schönste (...) Europas" galt. Für München entwarf er unter anderem den Justizpalast, der zu den größten Profanbauten des Deutschen Kaiserreichs zählte, und das Wohn- und Geschäftshaus der Familie Bernheimer. Thiersch galt als Spezialist für den technisch anspruchsvollen Kuppelbau und vereinte gekonnt historische Baustile. Auf ausgedehnten Studienreisen in Europa und dem Orient sammelte er vielfältige Eindrücke, die auch in seine Gestaltung dekorativer Innenausstattungen einflossen. Gleichzeitig war Thiersch technischen Neuerungen gegenüber sehr aufgeschlossen und stattete seine Bauten mit Fahrstühlen, Zentralheizungen und auch modernen Sanitäranlagen aus.

Kunstanstalt Karl Braun & Co. München, 12891 Ges. gesch.

München   Justizgebäude Neubau

Abb. 24

Postkarte des 1905 vollendeten neuen Justizgebäudes

Da die räumlichen Kapazitäten des Justizpalastes bald nicht mehr genügten, erhielt Friedrich von Thiersch den Auftrag für einen Erweiterungsbau. Die farbige Architekturmalerei hielt auf Dauer der Witterung nicht stand.

Abb. 25

Friedrich von Thiersch in der Kegelrunde König Ludwigs III.
(1845–1921) nach einer Aufnahme des Fotostudios
M. Obergassner, 1907

Der bayerische Monarch (ganz rechts im Bild), der 1913 die Königswürde erhielt, pflegte
einen einfachen Lebensstil. Auch wenn sein Interesse nicht so sehr den schönen Künsten
als vielmehr Technik und Wirtschaft galt, gehörten seiner vertrauten „Kegelbahngesellschaft"
auch der Chiemseemaler Joseph Wopfner und der Architekt Friedrich von Thiersch (obere
Reihe, 2. von links) an

München.- Justizpalast.

Abb. 26
Der Münchner Justizpalast um 1899

Nach dreijähriger Planungsarbeit und siebenjähriger Bauzeit vollendete Friedrich von Thiersch 1897 seinen ersten Monumentalbau. Die reichhaltige Innenausstattung ist heute nicht mehr erhalten. Sie fiel dem Zweiten Weltkrieg zum Opfer.

Zügiger Fortschritt bei Planung und Bauarbeiten

Zwar hatte die Lokalbaukommission das Bauvorhaben am Maximiliansplatz ohne Weiteres genehmigt, doch dann erlitten die Bauherren einen herben Rückschlag. Die Planungen sahen eine Bebauung des an die nördliche Eschenanlage grenzenden „Vorgartenstreifens" vor, was das Königliche Staatsministerium des Innern auf den Plan rief. Dort lehnte man die Überbauung wegen des Verlusts an „schützenswertem Luftraum" rundweg ab. Friedrich von Thiersch, der am 5. Juli 1899 den Vertrag zur Ausarbeitung der Pläne und der Übernahme der Bauleitung erhalten hatte, musste seinen eingereichten Vorschlag völlig neu gestalten. Aus Platzgründen konnte er seine ursprüngliche Idee, die beiden Repräsentationsräume – den Börsensaal und den Handelskammersaal – auf einer Ebene anzuordnen, nicht verwirklichen. Daher entschloss sich Thiersch zu einer Neuaufteilung des Grundrisses.

Das Erdgeschoss blieb dem Café-Restaurant „Neue Börse" und dem reprä-
sentativen Börsenaufgang vorbehalten. Das erste Obergeschoss wurde für
den Börsensaal und die Räumlichkeiten des Münchener Handelsvereins
vorgesehen. Im zweiten Obergeschoss siedelte Thiersch den Handelskammersaal und die Lokalitäten der Kammer wie einen Ausschuss-Sitzungssaal,
Büros und Bibliothek an. Der dritte Stock des großen Neubaus sollte an den
„Kaufmännischen Verein München von 1873" vemietet werden. Zielsetzung
dieser Vereinigung war es, ihren Mitgliedern Sprachkurse und Fachvorträge,
Rechtsschutz und Unterstützung im Krankheitsfall zu bieten. Außerdem
betrieb der Verein ein Übersetzungsbüro und eine Stellenvermittlung.
Im vierten Stockwerk plante Thiersch zwei große Mietwohnungen mit je
sieben Zimmern ein. Hier wollten die beiden Schwestern Sophie und Lisette
Liesecke eine „feinere Pension" einrichten. Im Dachgeschoss brachte
Thiersch eine Hausmeisterwohnung und „Gelasse für das Dienstpersonal
des Wirts" unter.

Abb. 27
Feier im Rohbau des Café-Restaurants „Neue Börse", Mai 1900

Honoratioren in Damenbegleitung stießen auf die Fertigstellung des Rohbaus im Erdgeschoss an. Rechts im
Bild die farbige Entwurfszeichnung von Friedrich von Thiersch für das Café-Restaurant.

Die Vorbereitungsarbeiten für den Bau waren bereits in vollem Gange. Am 21. August 1899 wurde das leerstehende Hotel Achatz abgebrochen. Im September begannen die Arbeiter mit dem Aushub der Baugrube. Den Auftrag für den Rohbau hatte das renommierte Bauunternehmen Heilmann & Littmann erhalten. Die notwendigen Eisenträger lieferte das Eisenkonstruktionswerk der Münchner Traditionsfirma F. S. Kustermann, die in der Rosenheimer Straße eine große Gießerei betrieb. Schon im Mai 1900 wurde der Dachstuhl aufgesetzt und in den Folgemonaten bis August wurde das Dach mit leuchtend grünen Ziegeln aus dem Tonwerk Ergoldsbach eingedeckt. Thiersch wollte vor Eintritt des Frosts die künstlerische Gestaltung der Fassade fertigstellen. In Erinnerung an seine Spanienreise 1897 entschied er sich für eine maurisch anmutende Verblendung des Erdgeschosses aus mattrotem und gelblichem Sandstein.

Abb. 28
Das Richtfest im Haus für Handel und Gewerbe am 26. Mai 1900

Aufsichtsrat und Vorstand der Aktiengesellschaft Haus für Handel und Gewerbe luden die Mitarbeiter aus Thierschs Baubüro und die am Bau beteiligten Handwerker zum traditionellen „Firstbier" im Dachstuhl ein.

Abb. 29

Neobarocker Vorentwurf für das Haus für Handel und Gewerbe von Friedrich von Thiersch, 1898

Für die Gestaltung der Fassaden fertigte Friedrich von Thiersch eine Reihe von Vorentwürfen in unterschiedlichen Stilrichtungen. Erst 1900 nahm eine am Jugendstil ausgerichtete Lösung Gestalt an.

Für die Fassaden der Obergeschosse entwarf er eine bewegte Stuckornamentik, die der Münchner Bildhauer Ernst Pfeifer und die Stuckateure Gottfried Maile und Karl Blersch umsetzten. Nicht nur die Farbgebung war für München sehr ungewöhnlich, sondern auch das weit vorspringende Dachgesims, das eine große, mit bunten Kassetten ausgestaltete Hohlkehle bildete und in die Pfeiler überging.

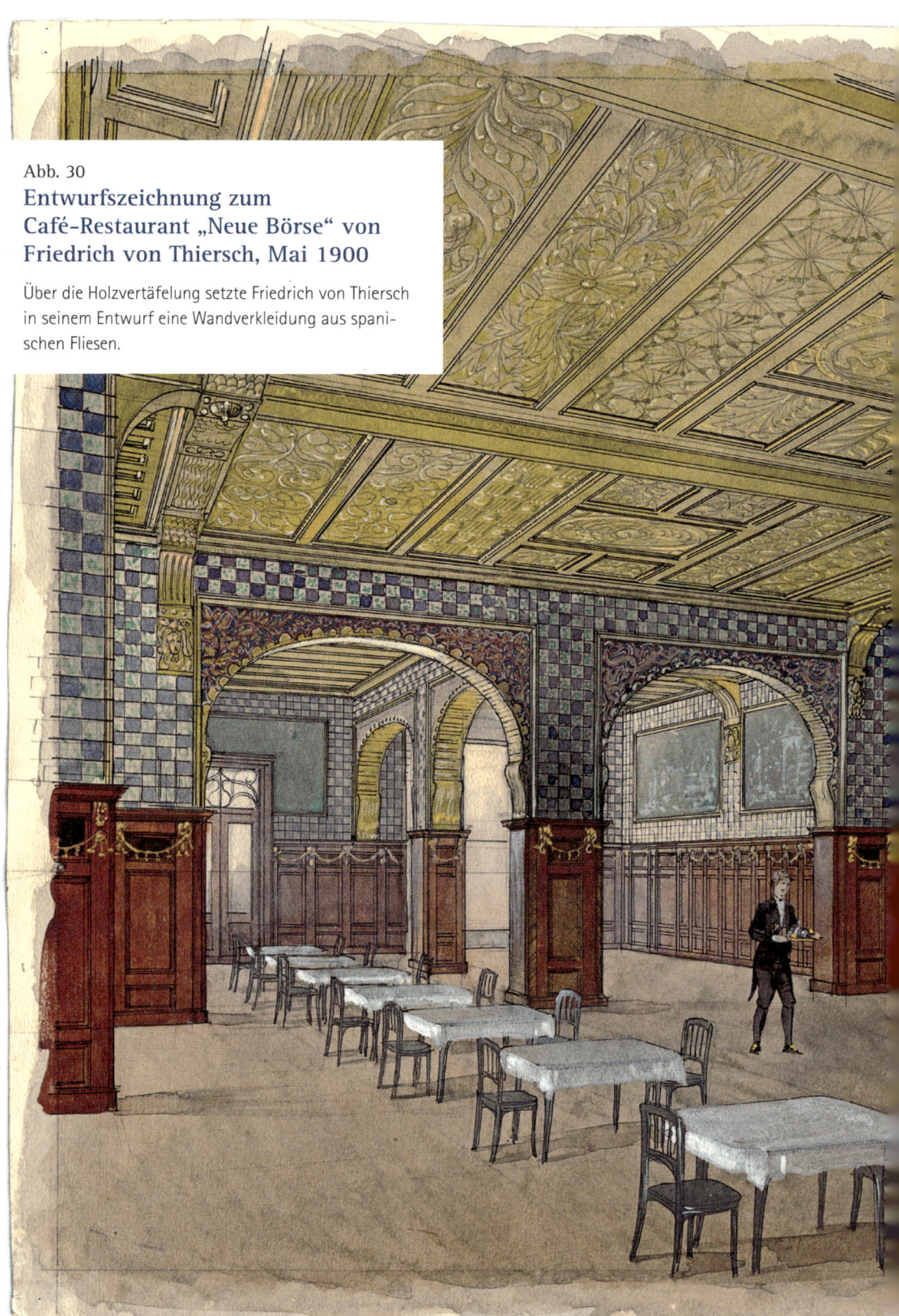

Abb. 30
Entwurfszeichnung zum Café-Restaurant „Neue Börse" von Friedrich von Thiersch, Mai 1900

Über die Holzvertäfelung setzte Friedrich von Thiersch in seinem Entwurf eine Wandverkleidung aus spanischen Fliesen.

Abb. 31
Fassade zum Maximiliansplatz,
Zeichnung von Friedrich von Thiersch, 1900

Abb. 32

Entwurfszeichnung von Friedrich von Thiersch für Mittel- und Seitenfeld der Nordfassade des Hauses für Handel und Gewerbe, 1900

Im Mittelfeld der nördlichen Hauptfassade reicht Merkur, der antike Schutzgott der Kaufleute und Reisenden, seine Hand Athene, der Göttin der Weisheit. Im westlichen Seitenfeld halten zwei Genien einen Bienenkorb als Symbol des Gewerbefleißes.

Abb. 33

Entwurf für das östliche Seitenfeld, 1900

Für den östlichen Teil des Mittelreliefs wählte Friedrich von Thiersch den geflügelten Stab des Merkur, an dem sich zwei Schlangen emporwinden.

Abb. 34
Nordfassade, Zeichnung von
Friedrich von Thiersch, 1900

HAUS · FUR · HANDEL · U · GEWERBE ·

Die feierliche Eröffnung:
Das Haus stellt sich vor

Schon am 20. Dezember 1900 begrüßte das elegante Café-Restaurant „Neue Börse" die ersten Gäste. Und im April des folgenden Jahres bezogen Kammer und Börse ihr neues Domizil. Zu den ersten Besuchern des Hauses für Handel und Gewerbe gehörte Prinzregent Luitpold. Am Vormittag des 23. April ließ er sich von Friedrich von Thiersch den Neubau zeigen und „sprach sich dabei über die äußerst prächtige sowie künstlerisch vornehme Einrichtung sämtlicher Räume sehr anerkennend aus". Am Nachmittag unternahm sein ältester Sohn Prinz Ludwig – der spätere König Ludwig III. – einen ausgedehnten Rundgang und zeigte sich tief beeindruckt von der „Zweckmäßigkeit und Schönheit des Gesehenen". Zwei Tage später – am 25. April – „nachmittags 5 Uhr" folgte die offizielle Eröffnung im großen Börsensaal, der mit einer Büste des Prinzregenten „inmitten einer Gruppe von Zierpflanzen" dekoriert war. Die Gästeliste war lang und glanzvoll. Zu den Eingeladenen gehörten Maximilian Alexander Freiherr von Feilitzsch, der bayerische Staatsminister des Innern; Regierungspräsident Julius von Auer; Münchens Erster Bürgermeister Wilhelm Georg von Borscht; Polizeidirektor Anton Halder; Gustav Ritter von Ebermayer, der Generaldirektor der Königlich Bayerischen Staatsbahnen; vor allem aber auch die Vertreter „der ersten Finanz-, Handels-, Industrie- und Gewerbekreise".

Abb. 35
Plakat für das Café–Restaurant „Neue Börse" im Haus für Handel
und Gewerbe, um 1905

Abb. 36

**Hohlgalvanorelief von Ignatius Taschner im
Treppenhaus des Hauses für Handel und Gewerbe**

Im Mittelpunkt des dreigeteilten Wandschmucks gießt Fortuna aus
einem Füllhorn den Reichtum in Form von Münzen über dem Erdball
aus. Im linken Feld widmet sich eine antik anmutende Figurengruppe
dem Börsengeschäft. Rechts versinnbildlichen Handelsleute mit einem
Warenballen den Abschluss eines Kaufgeschäfts.

Auf dem Programm des Festakts stand auch eine Besichtigung des Hauses.
Besucher im Frack und weißer Halsbinde schlenderten durch die Räume
und ließen sich die Besonderheiten der Ausstattung erklären. Das Vestibül
im Erdgeschoss war mit gelblichem, kräftig blaugeadertem Pavonazzo-
marmor aus Italien verkleidet. Die Decke im Eingangsbereich schmückten
goldene Stuckornamente, die eine sternförmige Leuchte aus Gold und
Messing ergänzte. Blickfang war das großformatige dunkle Hohlgalvanorelief von Ignatius Taschner. Der mit Ludwig Thoma eng befreundete
Künstler hatte ursprünglich Steinmetz gelernt und dann an der Münchner
Kunstakademie studiert. Sein vielseitiges Schaffen umfasste einen 15
Meter langen gemalten Wandfries im Palais Cramer-Klett, aber auch den
Entwurf für das Tafelsilber des deutschen Kronprinzen Wilhelm. Im Bör-
senaufgang illustrierte er mit den Motiven „Spekulation" und „Handel" die
Bestimmung des Hauses. Thiersch richtete sein Augenmerk auch auf die
künstlerisch-dekorative Ausgestaltung alltäglicher Elemente. So ranken
sich im vergoldeten Treppengeländer am Aufgang plastisch geformte
Blumen und Pflanzen.

Abb. 37
Treppenaufgang im Haus für Handel und Gewerbe, 1901

Abb. 38
Der Börsensaal, 1901

In der Mitte das Podium der sogenannte „Sensale", der Börsenmakler.

Abb. 39
Das Lesezimmer, 1901

Abb. 40
Blick in den Handelskammersaal, 1901

Ebenfalls über zwei Stockwerke hinweg reichte im zweiten Obergeschoss der Handelskammersaal. Bei der Ausgestaltung dieses Repräsentationsraums erwies sich Thiersch nach Meinung der Zeitgenossen als „resoluter Neuerer". Für die Wandvertäfelung, die Empore mit ihrem Aufgang und die Decke hatte er naturbelassenes Fichtenholz gewählt. Es sollte der Zeit überlassen bleiben, „die Naturfarbe dieses Holzes stimmungsvoll zu tönen". Große dunklere Wandflächen blieben frei, sie sollten eines Tages „von besseren Stoffen oder Gobelins ausgefüllt" werden, wenn wieder ausreichend Geld vorhanden war. Die Holzarbeiten wie auch das Mobiliar stammten aus der Münchner Hofmöbelfabrik Pössenbacher, die unter anderem im Königsschloss Neuschwanstein das „im gotischen Stile ausgeführte" Schlafzimmer mit dem Prachtbett gefertigt und auch das exklusive Hotel „Continental" in der Nachbarschaft beliefert hatte.

Abb. 41
Sitzungssaal des Börsenvorstands, 1901

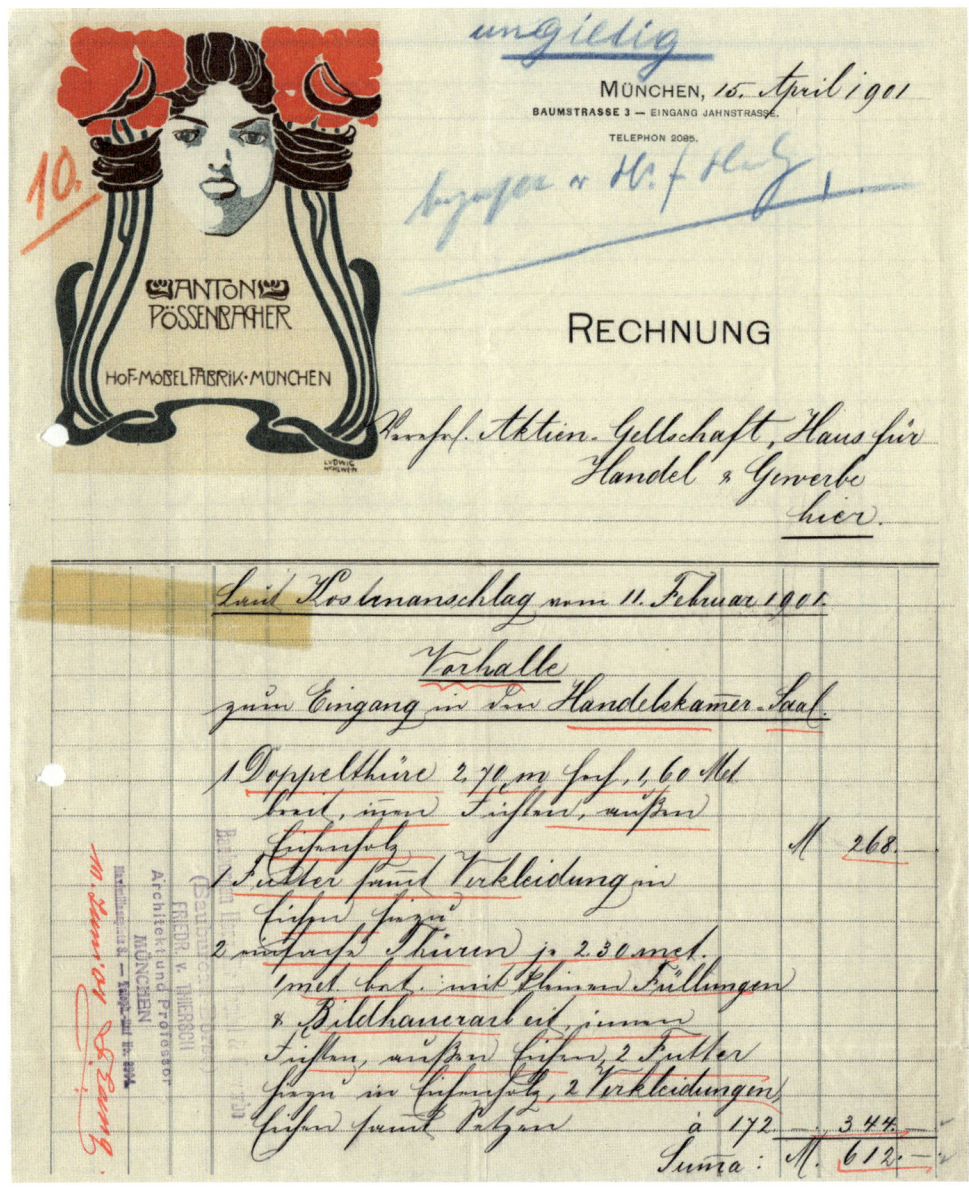

Abb. 42

Rechnung der Hofmöbelfabrik Anton Pössenbacher in München, 1901

Die 1784 von Matthias Pössenbacher gegründeten Werkstätten für Innenausbau hatten auch die Türen für die Vorhalle zum Eingang in den Handelskammersaal geliefert.

Abb. 43
**Speisesaal im Café-Restaurant
„Neue Börse", um 1905**

Über den Eingang von der Eschenanlage gelangten die Besucher in das
Café-Restaurant „Neue Börse", das einen Caféraum, einen Speise- und
einen Billardsaal zu bieten hatte. Für die Wandgestaltung wählte Thiersch
spanische Fliesen, die nach alten Mustern gefertigt waren. Die Holzdecken
waren mattvergoldet, die Wandverkleidung aus fein profilierten Paneelen.
Das Mobiliar kam zum Großteil aus den Werkstätten der Gebrüder Thonet.
Große Kristalllüster sorgten für ein vornehmes Ambiente. Thiersch hatte
aber auch darauf geachtet, dass nicht „hässliche Plakate das Stimmungs-
volle des Raumes stören". Der Name des ausgeschenkten Biers und andere
Anzeigen waren in kleinen goldenen Lettern unter dem Fries der Wandvertäfelung zu lesen.

Die einzige große Wand gegenüber den Fenstern schmückten Gemälde von Wilhelm Volz. Der aus Karlsruhe stammende Künstler schilderte in seinen Bildern Märchenszenen wie die Geschichte des Schlaraffenlandes und vom Tischleindeckdich, aber auch den tollen Tanz ums Goldene Kalb. Alles war so humorvoll, „so flott erzählt, dass es den von Geschäften sorgenerfüllten Börseaner, der darunter sitzt, Lust zu neuen Unternehmungen machen muss", wie ein zeitgenössischer Architekturkritiker damals schrieb. Versenkbare Bodenfenster – eine hochmoderne technische Neuerung – sorgten dafür, dass „Licht und Luft stets reichlich Zutritt hatten".

Billardsaal
Café-Restaurant »Neue Börse«, München
Haus für Handel und Gewerbe
Maximiliansplatz
Eugen Petzolt, Restaurateur.

Abb. 44
Billardsaal im Café-Restaurant
„Neue Börse", um 1905

Abb. 45
**Werbeplakat für das Café-Restaurant „Neue
Börse" von Friedrich von Thiersch, um 1905**

Für das Café-Restaurant „Neue Börse" entwarf Friedrich von Thiersch
das einzige Plakat in seinem Schaffenswerk.

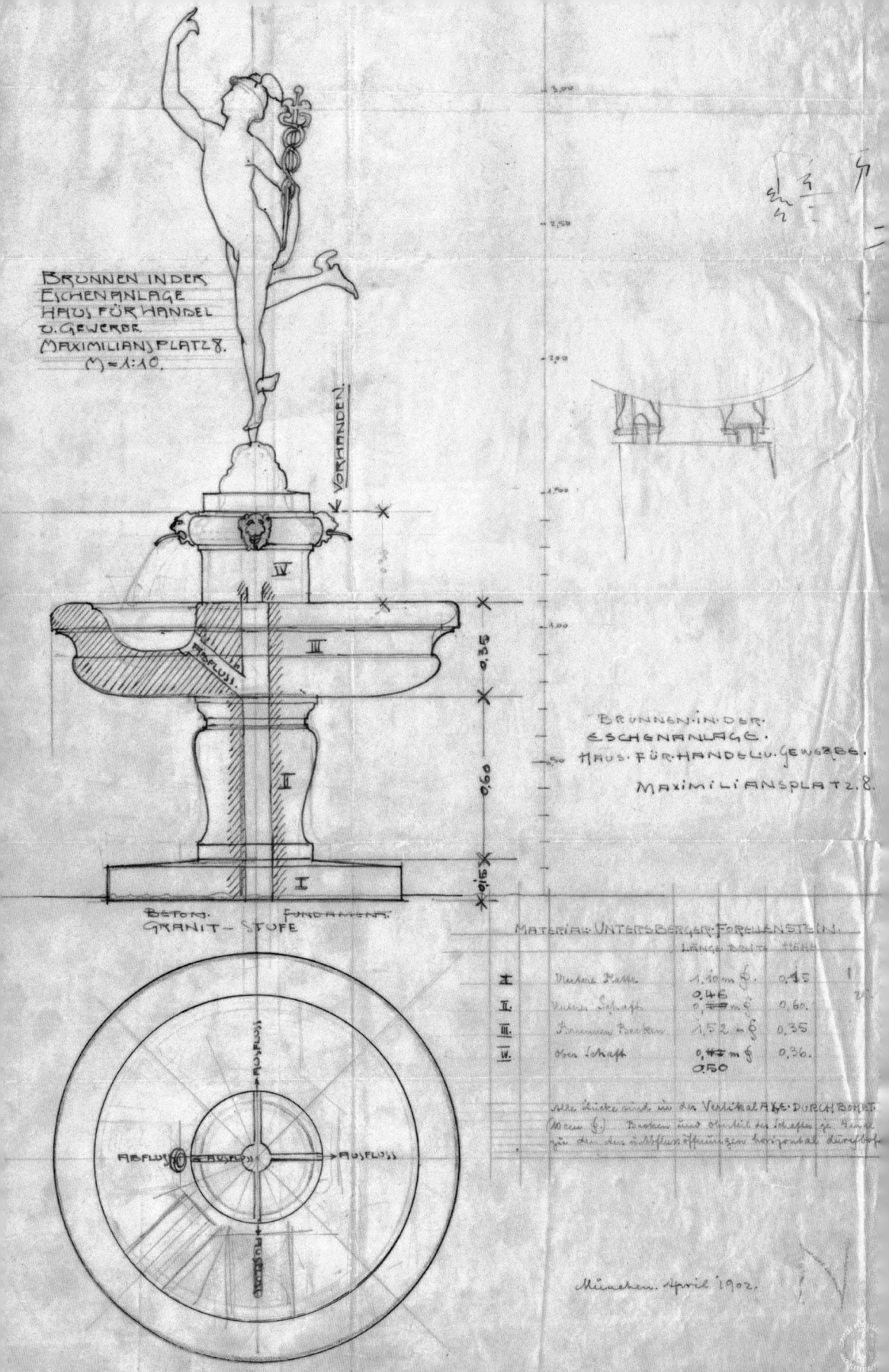

BRUNNEN IN DER
ESCHENANLAGE
HAUS FÜR HANDEL
U. GEWERBE
MAXIMILIANSPLATZ 8.
M = 1:10.

VORHANDEN.

IV

III

II

I

BETON. FUNDAMENT.
GRANIT - STUFE

0,35
0,60
0,10

BRUNNEN · IN · DER ·
ESCHENANLAGE ·
HAUS · FÜR · HANDEL U. GEWERBE.
MAXIMILIANSPLATZ 8.

MATERIAL · UNTERSBERGER · FORELLENSTEIN.
LÄNGE BREITE HÖHE

		LÄNGE	BREITE	HÖHE	
I.	Untere Platte	1,10 m ⌀		0,15	1
II.	Unterer Schaft	0,46 m ⌀		0,60.	2
III.	Oberes Becken	1,52 m ⌀		0,35	
IV.	Ober Schaft	0,44 m ⌀		0,36.	
		0,50			

ABFLUSS   AUSFLUSS   AUSFLUSS

München. April 1902.

Die Bauherren hatten auch die Gestaltung der Eschenanlage im Blick und beauftragten Friedrich von Thiersch, einen kleinen Merkurbrunnen zu entwerfen. Als Vorbild wählte er die 1570 von Giovanni da Bologna für die Villa Medici in Florenz geschaffene Bronzefigur des Gottes der Kaufleute. Beschwingt auf Zehenspitzen erhebt sich die Figur über einem Steinbecken. Mit der Ausführung betraute Thiersch den Bildhauer Hugo Hoffmann, der auch den Fassadenschmuck auf dem ehemaligen Verwaltungsgebäude der Bayerischen Hypotheken- und Wechsel-Bank geschaffen hatte. Am 3. Juni 1902 sprudelte das erste Wasser. Bis 1921 blieb der Brunnen im Besitz der Aktiengesellschaft Haus für Handel und Gewerbe. Im Zweiten Weltkrieg schwer beschädigt, wurde er 1966 abmontiert und im Städtischen Bauhof eingelagert. Erst 1975 kam er im Tal wieder zur Aufstellung.

Abb. 46
Entwurfszeichnung von Friedrich von Thiersch für den Merkurbrunnen vor dem Haus für Handel und Gewerbe in der Eschenanlage, 1902

Die Zwischenkriegszeit:
Unsicherheit und Krise

Die Schüsse von Sarajewo am 28. Juni 1914 auf den österreichischen Thronfolger beendeten eine Epoche, die gerne als „gute, alte Zeit" verklärt wird. Der Ausbruch des Ersten Weltkriegs stellte auch die Kammer vor bislang unbekannte Herausforderungen. Mit einer Fülle völlig neuer Aufgaben wuchs der Arbeitsanfall erheblich. Gutachten über die Kriegswichtigkeit von Betrieben und Zurückstellungen vom Militärdienst, Dringlichkeitsbescheinigungen für Rohstoff- und Warenbezug, Vermittlung zwischen Schuldnern und Gläubigern bei kriegsbedingten Zahlungsschwierigkeiten, Beschaffung von Heeresaufträgen für die oberbayerische Wirtschaft – diese Tätigkeiten kennzeichneten zunächst den Arbeitsalltag der Kriegszeit. Als die Pension Liesecke in das Nachbarhaus Max-Joseph-Straße umzog, belegte die Kammer umgehend die Flächen. Ein Umbau wurde unumgänglich. Schon Ende 1918 beauftragte die Kammer dafür den Architekten und ehemaligen Hofoberbaurat Eugen Drollinger, der auch den Zuschauerraum im Theater am Gärtnerplatz neu gestaltet hatte. Doch die wirtschaftlichen Krisenjahre verzögerten zunächst das Projekt.

Abb. 47
Inflationsgeld der
Stadt München, 1923

Banknote über fünf Millionen Mark vom 28. August. Als die Inflation Anfang November ihren Höhepunkt erreichte, kostete das Briefporto schwindelerregende zehn Milliarden Mark.

Die Inflation brachte die Kammer an den Rand des finanziellen Zusammenbruchs. Die nach der Gewerbesteuer des Vorjahrs bemessenen Beitragszahlungen ihrer Mitglieder gingen nur noch spärlich ein und verloren jeden Wert. Der Mindestbeitrag lag damals bei einer Milliarde Mark. Nur dank eines Überbrückungskredits der Bayerischen Staatsbank konnte die Kammer weiterarbeiten, bis die Ausgabe der Rentenmark wieder für eine tragfähige Wirtschaftsgrundlage sorgte.

Abb. 48
Der Schalterraum im zweiten Stock des Hauses für Handel und Gewerbe, 1926

Abb. 49
Der Kleine Sitzungssaal, 1926

Abb. 50
Die Kammerbibliothek im dritten Stock, 1926

Für den umfangreichen Buchbestand wurde eigens ein gedruckter Katalog herausgegeben.

Da der Parteiverkehr stark zugenommen hatte, richtete Drollinger im zweiten Stock einen eigenen Empfangs- und Schalterraum ein. Die beiden an den Handelskammersaal angrenzenden Besprechungszimmer legte er zum Kleinen Sitzungssaal zusammen. Außerdem fand der Architekt eine repräsentative Lösung für den Aufgang von der Börse zur Kammer, der bislang mehr zweckmäßig als schön war. Mit einem bogenförmigen Mauerdurchbruch verband er das Zwischengeschoss mit der Haupttreppe der Kammer, die er bis in die zweite Etage auch neu anlegte. Für die Ausstattung des Handelskammersaals mit Gobelins – wie dies ursprünglich Friedrich von Thiersch vorgesehen hatte – reichten die Finanzen der Kammer nach wie vor nicht aus. Doch beauftragte sie den mit der Münchner Gobelin Manufaktur eng verbundenen Künstler Paul Ecke, Vorlagen in Originalgröße zu entwerfen.

Abb. 51
Der Handelskammersaal mit den Gobelin-Gemälden
von Paul Ecke, 1926

Auf dem Karton für die Westwand thronte Gott Merkur auf der Weltkugel,
den Fuß fest auf einen Geldsack gestützt. In Erinnerung an die Geldent-
wertung der Inflation lässt ein kleiner Putto zu seiner Linken Papierfetzen
mit Nullenzahlen in alle Winde flattern.

Für die Ostwand hatte Paul Ecke eine Art Triptychon entworfen. Das linke
Bild zeigt den für die Entstehung Münchens so wichtigen Salzhandel mit
Kaufmannszug und Salzfässern. Rechts steuern Flößer ihre Gefährte über
die Flussschnellen der Isar - ein Sinnbild für den im Kammerbezirk bedeut-
samen Holzhandel. Das Mittelbild verweist auf die Handelsbeziehungen
Münchens zu Venedig. Im Hintergrund zeichnet sich die Rialtobrücke
mit dem Fondaco dei Tedeschi ab. Die Hoffnung, in nicht allzu ferner
Zukunft die farbigen großformatigen Gobelin-Gemälde durch Tapisserien
zu ersetzen, erfüllte sich jedoch nicht.

Abb. 52
Entwurf für das Gobelin-Gemälde im Handelskammersaal, 1925

Im Mittelpunkt Gott Merkur auf der Erdkugel. Im unteren
Bildfeld wird Ware gewogen.

Das dreiteilige Gobelin-Gemälde im Handelskammersaal, 1925

Abb. 53

Mit Salzfässern beladene Maultiere in einem Kaufmannszug, im Hintergrund die Stadtsilhouette Münchens. Der florierende Salzhandel trug im Mittelalter wesentlich zum Aufschwung der Stadt bei.

Abb. 54

Kaufleute vor der Rialtobrücke in Venedig. Dort unterhielten
die deutschen Händler im Fondaco dei Tedeschi ihr Warenlager.
Dem Handelshof stand 1559 der Münchner Hans Marolt vor.

Abb. 55

Flößerei auf der Isar. Die Flöße transportierten nicht nur Waren und Personen,
sondern lieferten Bauholz für die schnell wachsenden Städte. Zur Entstehungszeit
des Gobelin-Gemäldes dienten sie aber nur noch zu Vergnügungsfahrten.

Die „Goldenen Zwanziger Jahre" fanden mit der Weltwirtschaftskrise 1929
ein jähes Ende. Auch Deutschland geriet in den Strudel des Zusammenbruchs der New Yorker Börse. Ausländische Investoren zogen ihre Kredite
ab, der nationale Protektionismus in den USA und in Europa verstärkte sich
zunehmend. Das Welthandelsvolumen sank um 25 Prozent. Die Zahlungs-
unfähigkeit vieler Unternehmen, Bankenschließungen und Massenarbeits-
losigkeit waren die Folge. Das Misstrauen gegen die Weimarer Republik
wuchs und am rechten und linken politischen Rand erstarkten radikale
Kräfte. Die Handels- und Gewerbekammer richtete „an alle Kreise von
Industrie und Handel die ernste Mahnung, den klaren Kopf und den Blick
des Kaufmanns zu behalten und mit Anspannung aller Kräfte nach wie
vor mit der Kammer an der Behebung der gegenwärtigen Schwierigkeiten
zu arbeiten."

Abb. 56
**Der Handelskammersaal im offiziellen Stil des „Dritten Reichs"
mit Hakenkreuzen und „Führerbild", 1935**

Doch am Samstag, 11. März 1933, „morgen gegen ¾ 11 marschierte unter Sturmführer Hofweber der mit Karabinern bewaffnete Sturm 2/L der Leibstandarte auf", um auf dem Haus für Handel und Gewerbe „das Banner Adolf Hitlers zu hissen", berichtete der „Völkische Beobachter". Und weiter hieß es: „Den anwesenden jüdischen Börsenbesuchern mag diese Unterbrechung ihrer ‚Geschäftstätigkeit' recht gemischte Empfindungen verursacht haben; man sah es ihren angstvollen Gesichtern an."

Präsident Josef Pschorr suchte kurz darauf den neuen Reichskommissar General Franz Ritter von Epp und Staatskommissar Gauleiter Adolf Wagner auf. In einer geheimen Sitzung des Präsidiums berichtete er: „Ich wandte mich gegen die Beschuldigung, wir hätten jüdisch-marxistisch-kapitalistischen Prinzipien gehuldigt. Was die Konfession anbelangt, so bat ich dringend, von Judenverfolgungen abzusehen und bekannte mich zu dem dringenden Wunsch, daß jeder loyale Jude den gleichen Schutz, was Person und Eigentum anbelangt, genießen solle, wie jeder loyale Christ." Die jüdischen Mitglieder der einzelnen Kammergremien blieben bereits den nächsten Sitzungen fern.

Abb. 57
Präsident Josef Pschorr (1867–1942)

Nach dem Studium in München trat Josef Pschorr in die Brauerei seines Vaters, die spätere Pschorrbräu AG, ein. 1894 gründete er in New York und Chicago Importagenturen für Pschorr-Bier. Nach dem Tod seines Vaters Georg Pschorr jun. (1830–1894) übernahm er zusammen mit seinen Brüdern August und Georg Theodor die Leitung der Brauerei, die er bis zur Umwandlung in eine Aktiengesellschaft im Jahr 1922 innehatte. Von 1912 bis 1933 amtierte er als Präsident der Handels- und Gewerbekammer.

Abb. 58
Syndikus Dr. Edmund Simon
(1882-1947), Zeichnung von
Fritz Quidenus, 1926

Der gebürtige Dresdner hatte neben Rechts- und Staats-
wissenschaften auch Kunst, Japanologie und Sinologie
studiert. Nach mehrjähriger Tätigkeit in Asien, auch im
diplomatischen Dienst, trat Edmund Simon 1914 bei der
Handels- und Gewerbekammer als „wissenschaftlicher
Hilfsarbeiter" ein. 1922 wurde er geschäftsführender Syndikus, musste dieses Amt aber 1933 niederlegen, weil er
mit einer Jüdin verheiratet und im nationalsozialistischen
Sinn nicht tragbar war. Er wurde in anderer Position wei-
terbeschäftigt und erhielt 1945 wieder seine alte Funktion
zurück, die er bis zu seinem Tod innehatte.

Schon im April 1933 löste NSDAP-Mitglied Dr. Hans Buchner, Wirt-
schaftsredakteur des „Völkischen Beobachters", den bisherigen Syndikus
Dr. Edmund Simon ab. Nach Neuwahlen wurde im Zuge der „Gleichschal-
tung" der „alte Kämpfer" Ing. Albert Pietzsch, Vorstand der Elektrochemi-
schen Werke AG in Höllriegelskreuth, auf der ersten öffentlichen Sitzung
als neuer Präsident vorgestellt. Wahlen fanden danach nicht mehr statt.
Seit 1934 unterstanden die Industrie- und Handelskammern der Aufsicht
des Reichswirtschaftsministeriums. Sie wurden dem sogenannten „Füh-
rerprinzip" unterworfen. An die Stelle der Vollversammlung als Vertretung
der IHK-Mitglieder trat ein Beirat, der vom Präsidenten berufen wurde
und nur noch beratende Funktion hatte. Mehr und mehr schrumpfte der
Handlungsspielraum der Industrie-und Handelskammern. Die Auftrags-
verwaltung für den Staat trat zunehmend an die Stelle wirtschaftlicher
Selbstverwaltung.

Die Mitglieder der Antiquitätenhändlerfamilie Drey im Nachbarhaus der
Kammer haben diese Entwicklungen vermutlich mit größter Sorge verfolgt.

„Heimstätte für hohe Kunst und feinen Geschmack:"
die Firma A. S. Drey

„Die älteste Antiquitätenhandlung Deutschlands"

König Ludwig I. wollte München zu einer Stadt machen, „die Teutschland so zur Ehre gereichen soll, dass keiner Teutschland kennt, wenn er nicht München gesehen hat." Der antikenbegeisterte und italienverliebte Monarch förderte Kunst und Kultur in großem Stil. Auch der Kunsthandel entwickelte sich im „Isar-Athen" zu „hoher Blüte". Zu den ältesten deutschen Antiquitätengeschäften zählte die in München beheimatete Firma A. S. Drey. Die Anfänge waren bescheiden gewesen: Der 1819 in Heidingsfeld Aaron S. Drey hatte kaum 24-jährig in Würzburg eine kleine Kunsthandlung gegründet und sie 1854 nach München verlegt. Dort nahm sie einen großen Aufschwung und Drey erhielt 1874 den begehrten Titel eines Königlich Bayerischen Hoflieferanten. Als der Seniorchef 1891 starb, hinterließ er seinem einzigen Sohn Siegfried und seinem Schwiegersohn Alfred Stern ein wohlgeordnetes Haus. Nach der Jahrhundertwende 1900 setzten die Inhaber verstärkt auf das Auslandsgeschäft. 1907 eröffnete eine Filiale in Paris, es folgten weitere Niederlassungen in New York und London, in Brüssel und Den Haag. Das Stammhaus an der Maximilianstraße 34 erwies sich zunehmend als zu beengt. Zunächst streckten die Dreys die Fühler nach dem Preysing-Palais hinter der Feldherrnhalle aus, doch der vornehme Münchener Herrenclub erhielt den Zuschlag. Da traf es sich günstig, dass das Anwesen des Grafen Rechberg-Rothenlöwen in der Max-Joseph-Straße 2 neben dem Haus für Handel und Gewerbe zum Verkauf kam. Die Lage war ideal, denn in unmittelbarer Nachbarschaft befanden sich die internationalen Luxushotels „Regina" und „Continental" mit ihrem zahlungskräftigen Publikum. Die Auswahl des Architekten fiel auf einen „Großen" der damaligen Zeit: Gabriel Ritter von Seidl, der 1900 für seine Verdienste den Adelstitel erhalten hatte.

Abb. 59

Die Max-Joseph-Straße, Zeichnung von Joseph Andreas Weiss, 1836

Auf der linken Seite von Bäumen verdeckt das Palais der Grafen Rechberg-Rothenlöwen. An dieser Stelle befindet sich heute das IHK-Stammhaus. Im Hintergrund der Dom und das 1805 erbaute Maxtor als Abschluss der Prannerstraße.

Abb. 60

Blick auf das Anwesen der Grafen Rechberg-Rothenlöwen in der Max-Joseph-Straße, um 1908

Für das Bild hatte sich der Fotograf auf der gegenüberliegenden Ecke Max-Joseph-Straße/ Ottostraße postiert. Im Hintergrund erhebt sich das Haus für Handel und Gewerbe.

Abb. 61
Postkarte des „Regina–Palast–Hotels" am Maximiliansplatz, 1908

1908 übernahm der Hotelier Hermann Volkhardt das ein Jahr zuvor erbaute Luxushotel, das mit „allem Comfort der Neuzeit" ausgestattet war. Im Hintergrund das Rechberg-Palais.

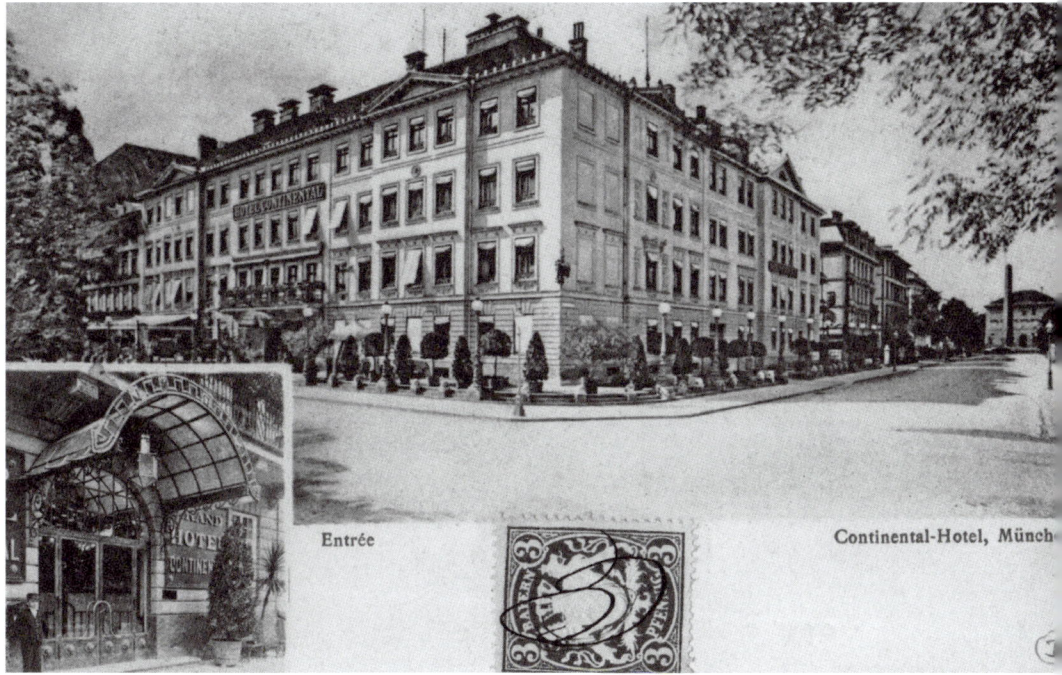

Abb. 62
**Postkarte des „Continental-Hotels" in der
Max-Joseph-Straße, um 1910**

Das 1892 eröffnete Luxushotel in unmittelbarer Nachbarschaft des
„Regina-Palast-Hotels" zählte zu den ersten Adressen in München.
Oben am rechten Bildrand der Obelisk am Karolinenplatz.

Der Architekt:
Gabriel von Seidl (1848–1913)

Der vielfach ausgezeichnete Erfolgsarchitekt entstammte dem wohlha-
benden Münchner Bürgertum. Sein Vater war der Hofbäckermeister Anton
Seidl, die Mutter kam aus der bekannten Bierbrauerfamilie Sedlmayr.
Auf Wunsch von Seidl senior hatte Gabriel Seidl nach der Schulzeit eine
Schlosserlehre bei der Münchner Lokomotivfabrik Maffei absolviert, bevor
er sich für Ingenieurwissenschaften an der Technischen Universität Mün-
chen einschrieb. Nach dem frühen Tod des Vaters wechselte er dann aber
zur Architektur und beendete 1874 das Studium. Wie es damals zum guten
Ton gehörte, unternahm auch er eine Romreise. Nach seiner Rückkehr
erteilte ihm sein Onkel Gabriel Sedlmayr,
Inhaber der Spatenbrauerei, den ersten
Bauauftrag, und zwar für das „Deutsche
Haus", eine Bier-Gaststätte am Karls-
platz. In der Folgezeit entwickelte Seidl
den besonderen Typus der Münchner
„Bierburgen", die auch in Berlin oder
Straßburg große Mode wurden. Seidl
verfügte über eine große Bandbreite an
stilistischen Mitteln, was in seinem viel-
seitigen Bauschaffen zum Ausdruck kam.
In München entwarf er unter anderem
die Rondellbauten am Stachus, das
Bayerische Nationalmuseum und das
Deutsche Museum, das Ruffinihaus am
Rindermarkt, das Künstlerhaus sowie die
Kirche St. Anna im Lehel, in der Gastro-
nomie den Augustiner-, den Franziskaner- und den Spatenkeller. Über
seine Mitgliedschaft in der Künstlervereinigung „Allotria" war er gut vernetzt mit bekannten Malern und Bildhauern der damaligen Zeit wie Lorenz
Gedon und Franz von Lenbach. Frühzeitig setzte sich Seidl für den Schutz
der Landschaft ein und rief dazu 1902 den Isartalverein für die Erhaltung
der Naturschönheiten dieser Region ins Leben.

Abb. 63
Gabriel von Seidl
Gleich zu Beginn seines Schaffens unternahm Gabriel von Seidl eine längere Romreise, von der er erst 1877 zurückkehrte.
Weitere Reisen folgten, nach Basel, Paris,
Brügge und London. In seinem Schaffen
bekannte er sich zunächst zum Stil der
deutschen Renaissance. Er interessierte
sich aber auch für heimische, ländliche
Bauweisen. In Bad Tölz, dem Heimatort
seiner Mutter, setzte er sich nachhaltig
für eine Ortsverschönerung mit Fassaden-
neugestaltung und Freskenmalereien ein.
Seine Begeisterung für schöne Giebel trug
ihm dabei den Spitznamen „Gibi-Gabi" ein.

Abb. 64
Hofbäckermeister Anton Seidl (1806–1869), Vater des Architekten Gabriel von Seidl

Anton Seidl gründete in München ein florierendes Bäckereiunternehmen. Seine Frau Therese war eine Tochter des Brauereibesitzers Gabriel Sedlmayr. Der Hofbäckermeister Seidl war leidenschaftlicher Sammler und mit vielen Künstlern gut befreundet.

Abb. 65
Postkarte des Nationalmuseums, um 1905

Abb. 66

Gabriel von Seidl mit seiner Schwester Marie, um 1880

Gleichzeitig mit seinem ersten Bau, dem „Deutschen Haus", errichtete der junge Architekt 1880 sein eigenes Wohnhaus an der Marsstraße 28 ganz im Stil der deutschen Renaissance. Später kam dort im Hof noch ein zweigeschossiges Bürogebäude dazu. Beide Häuser fielen dem Bombenhagel des Zweiten Weltkriegs zum Opfer.

Abb. 68
Das Stachusrondell, um 1907

Für den Haupteingang nach München gegenüber dem wuchtigen Justizpalast
entwarf Gabriel von Seidl die Fassadenpläne im neobarocken Stil. Mit viel Überre-
dungskunst überzeugte er die Hausbesitzer von einem einheitlichen, geschlossenen
Stil. 1901 wurden die Bauarbeiten abgeschlossen.

Abb. 67
Fassade der Gaststätte
zum Bauerngirgl, um 1899

1891 beauftragte Josef Sedlmayr, Inhaber des Leistbräu
und der Franziskanerbrauerei, seinen Neffen Gabriel
von Seidl mit der Planung eines neuen Gasthofs an der
Residenzstraße. 1894 eröffnete die Gaststätte, die zu
den bekanntesten Fest- und Kommerslokalen zählte. Im
Zweiten Weltkrieg schwer getroffen, musste die ausge-
brannte Fassade 1956 einem Neubau weichen.

Abb. 69
Das Haus A. S. Drey, um 1912

Im Vorgarten gut sichtbar erheben sich die Stelen mit überlebensgroßen Figuren.

Der Kunstpalast am Maximiliansplatz

Mit großem Erfolg hatte Gabriel von Seidl für den Hofantiquar und Kunsthändler Julius Böhler ein Wohn- und Geschäftshaus in der Brienner Straße mit Anklängen an die italienische Renaissance gebaut. 1911 beauftragte ihn die Familie Drey, ein repräsentatives Gebäude für ihre Kunsthandlung mit ausreichend Raum für ihre Wohnungen zu entwerfen. Es sollte eines seiner letzten Werke werden. Mit der Bauausführung wurde der Münchner Bauunternehmer Karl Stöhr betraut. Seidl übernahm die Firstlinie des benachbarten Hauses für Handel und Gewerbe ebenso wie dessen Tiefe des Grundrisses, sodass beide Gebäude einen Baublock bildeten. Er entschied sich dafür, einen steinernen Portalvorbau in der Mitte der Fassade zur Max-Joseph-Straße hin vorzulagern. Die Verkaufsräume befanden sich im Erdgeschoss und waren an drei Seiten mit großen Bogenfenstern einsehbar.

Der Bau erhielt einen weißen Terranovaputz, ein Mörtelprodukt aus zer-
kleinertem Urgestein. Rote Terrakottabänder zwischen den Stockwerken
und als Fenstereinfassungen setzten farbige Akzente. Die von der Königlichen Porzellanmanufaktur Nymphenburg ausgeführten Friese mit voll-
plastischen Köpfen entstanden nach Entwürfen von Seidls Künstlerfreund
Professor Franz Naager. Ein schmaler Vorgarten erstreckte sich entlang
der Max-Joseph-Straße, umrahmt von sechs hohen Pfeilern mit Statuen
aus Donaukalkstein. Der Figurenschmuck stammte von den Bildhauern
Heinrich Düll und Georg Pezold, die unter anderem zusammen mit Max
Heilmaier das Friedensdenkmal am Abschluss der Prinzregentenstraße
gestaltet hatten. Die Auftraggeber hatten den Künstlern bei der Wahl
der Motive freie Hand gelassen. Links des Portals setzten Düll und Pezold
„einen weinseligen Silen, ein Weib von edler Schöne sich im Spiegel
beschauend sowie den Götterboten Merkur in seiner geschmeidigen
Männlichkeit". Ein „jugendlichhochgemuter Dudelsackpfeifer, eine leicht-
beschwingte Tambourinschlägerin und ein selbstbewußter junger Krieger,
den man Mars taufen könnte", krönten die drei Stelen der rechten Seite.
Die überlebensgroßen Statuen sind heute nicht mehr erhalten. Sie fielen
dem Zweiten Weltkrieg zum Opfer.

Abb. 70
**Statuengruppe links des Eingangs: Silen, Schöne mit Spiegel
und der Götterbote Merkur, um 1912**

Abb. 71
**Figur des Dudelsack-
pfeifers rechts vom
Eingang, um 1912**

Abb. 72
**Schlussstein am Portal
des Antiquitätenhauses
A. S. Drey, um 1912**

Mit einem Fruchtkorb und
Papageien bekrönter Frauenkopf.

Abb. 73
Figurenschmuck auf der rechten Seite:
Mädchen mit Tamburin und antiker Krieger

Die Geschäftsräume erstreckten sich im Parterre über eine Fläche von gut 1.100 Quadratmetern. Das Souterrain war den Depots und den Packräumen vorbehalten. Die wechselnde Höhe und Größe der Säle, die Wandbespannung und die Gestaltung der Decken sorgten für reiche Nuancen „intimer wie monumentaler Wirkung". Neben Werken der Antike fanden sich dort seltene Erzeugnisse der romanischen Kleinkunst, gotische Holzplastik und Möbel, Keramik, Medaillen, Waffen, Porzellane, Fächer und Spitzen, aber auch Tapisserien und reiche Möbel des 18. Jahrhunderts. In einem Oberlichtsaal hingen Gemälde alter Meister, ein eigenes Kabinett beherbergte Meisterwerke der Plastik der italienischen Frührenaissance.

In dem glanzvollen Neubau hatten die Familien Drey und Stern auch ihre Privatwohnungen. Von Anfang an waren zusätzlich Mietwohnungen eingeplant. So bewohnte Lily Gräfin von Alberti d'Enno die erste Etage. Sie

entstammte einer vermögenden englischen Industriellenfamilie und hatte den Grafen Alberti d'Enno aus altem Tiroler Adel geheiratet. Nach dessen Tod siedelte sie nach München über und freundete sich mit dem Maler Albert von Keller an, der Seidls „Allotria"-Vereinskamerad war und die elegante Gesellschaftsdame wiederholt porträtierte. Auch Sophie Liesecke, eine der beiden Pensionsinhaberinnen aus dem Nachbarhaus, zog ein, bevor sie 1915 mit ihrer Schwester den Betrieb ganz in das Haus Drey verlegte.

Abb. 74
Adolf Stern (1840–1931)

Der Schwiegersohn von Aaron S. Drey gehörte seit seiner Lehrzeit dem Antiquitätenhaus an und wurde 1881 Teilhaber. 1912 erhielt er den „Verdienstorden vom Heiligen Michael".

Abb. 75
Die Teilhaber des Antiquitätenhauses A. S. Drey, 1913

Von links nach rechts: Ludwig Stern, Sohn von Adolf Stern, Seniorchef Siegfried Drey,
Ludwig Sterns Bruder Friedrich Stern, die Söhne Franz und Paul von Siegfried Drey.
Auf dem Bild fehlt Adolf Stern.

Am 4. November 1933 hielten noch einmal prominente Mieter Einzug in
eine Achtzimmerwohnung im dritten Stock: die jüdischen Schwiegereltern
des Schriftstellers Thomas Mann, Prof. Dr. Alfred Pringsheim und seine
Ehefrau Hedwig, geb. Dohm. Sie mussten damals ihr prachtvolles Palais in
der Arcisstraße 12 räumen, weil Hitler dort seine Führerbauten errichten
wollte. Seit 1890 war es ihr Zuhause gewesen und der Abschied fiel den
schon sehr betagten Pringsheims schwer. Sie waren mit der Familie Drey
sehr gut bekannt: Geheimrat Pringsheim war ein passionierter und vermögender Kunstsammler, den Siegfried Drey als Berater betreute. Beide
Herren gehörten der geselligen Vereinigung „Museum" an und trafen
sich auch in der Künstlergesellschaft „Allotria". In den Briefen an ihre
Tochter Katia Mann berichtet Hedwig Pringsheim äußerlich sehr gefasst
vom Umzug: „(...) eine passendere und hübschere Wohnung werden wir
kaum finden, mit dem Blick über die Maximilianplatz-Anlagen." Siegfried
Drey empfing seine neuen Mitbewohner „mit einem fabelhaften Blumen-
korb (...), wie er sonst nur Klingsors Zaubergarten entsprießt."

In den neuen Räumlichkeiten konnte das Ehepaar Pringsheim annähernd das gewohnte gesellschaftliche Leben entfalten. In einem großen zentralen Raum fanden beide Konzertflügel aus der Arcisstraße ihren Platz und Alfred Pringsheim veranstaltete dort seine musikalischen Soireen. Ein repräsentatives Speisezimmer mit alter Täfelung war für größere Einladungen geeignet. Hedwig Pringsheim setzte ihre berühmten Teestunden auch am neuen Standort fort. Zumindest in der Anfangszeit traf sich dort Münchens Gesellschaft. Auch der Schauspieler Gustaf Gründgens besuchte seine ehemaligen Schwiegergroßeltern am Maximiliansplatz. Nur der Straßenlärm machte Hedwig Pringsheim zu schaffen: „Die Tram donnert bis ½ 1 Uhr nachts und beginnt um 5 schon wieder zu donnern; und gehupt wird, daß es schon ganz skandalös ist."

Abb. 76
Der Eingangsbereich des Kunstpalastes

Die zeitgenössische Kunstzeitschrift „Der Cicerone" würdigte die hohe, lichte Halle „mit ihren den Schritt so angenehm dämpfenden Perserteppichen".

Abb. 77
Der Renaissancesaal, 1912

Die Decke bestand aus bemaltem Stuck, der eine Holztäfelung imitierte.
Die Tapeten waren aus grün gepresstem Samt. Neben wertvollen Tapisserien,
seltenen Florentiner Truhen und Skulpturwerken deutscher und italienischer
Künstler barg der Raum auch zwei Bilder von Tintoretto.

Im Schatten des „Dritten Reichs"

Auch die jüdische Familie Drey erlebte das Jahr 1933 als tief greifenden Einschnitt. Schon bald nach der „Machtergreifung" der Nationalsozialisten entschloss sich der Seniorchef der Firma Drey, das Wohn- und Geschäftshaus zu verkaufen. Als langjährigem Handelsrichter war dem Geheimen Kommerzienrat die Kammer bestens vertraut. Dort herrschte inzwischen Raummangel, denn das neue NS-Regime hatte der Institution eine Vielzahl zusätzlicher Aufgaben auferlegt und damit eine Personalaufstockung notwendig gemacht. Obwohl unter dem Druck der politischen Verhältnisse inzwischen ein NSDAP-zugehöriger Präsident und ein ganz auf Parteilinie liegender Hauptgeschäftsführer den Ton angaben, erwies sich die Kammer als fairer Verhandlungspartner. Für 1,3 Millionen Mark wechselte 1935 der Kunstpalast die Besitzer. Vom Verkaufserlös blieb der Familie Drey jedoch nur wenig übrig. Die NS-Finanzbehörden verlangten dem jüdischen Unternehmen immense, willkürlich aufgestockte Steuerzahlungen ab. Allein an „Judenabgabe" und Reichsfluchtsteuer waren 225.000 Mark zu zahlen. Bei Kaufabschluss erhielt die Firma das Recht, weiter die Geschäftsräume zu nutzen. Doch Juden sollte der Handel mit „deutscher Kunst" verwehrt werden. Siegfried Drey unternahm alle Anstrengungen, um das Geschäft zu halten. Doch die Steuerforderungen machten das unmöglich. Nachdem er im Finanzamt seinen Verzicht erklärt hatte, erlitt er bei der Rückkehr einen Schlaganfall und starb am 8. Februar 1936 noch im Taxi in den Armen seines Neffen Ludwig Stern. Seine Nachfolger sahen sich gezwungen, einen Räumungsverkauf anzusetzen.

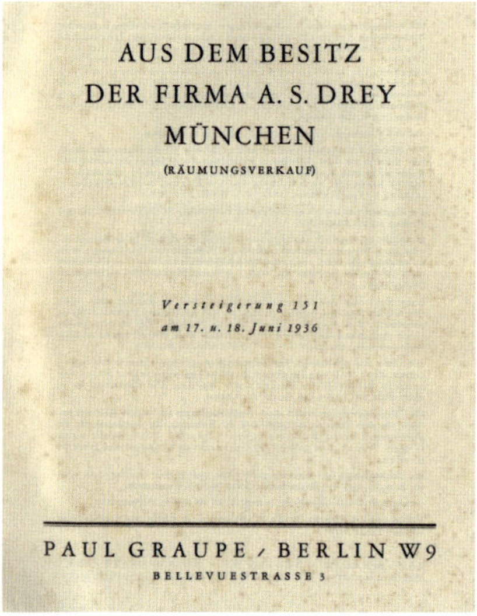

AUS DEM BESITZ
DER FIRMA A. S. DREY
MÜNCHEN
(RÄUMUNGSVERKAUF)

Versteigerung 151
am 17. u. 18. Juni 1936

PAUL GRAUPE · BERLIN W9
BELLEVUESTRASSE 3

Abb. 78
Katalog der Drey-Auktion bei Paul Graupe in Berlin, Juni 1936

Insgesamt kamen mehr als 500 Objekte, Gemälde des 15. bis 18. Jahrhunderts aus Italien und den Niederlanden, Zeichnungen, Plastiken, Möbel, Porzellan und Textilien, zum Aufruf.

Abb. 79

**Versteigerungsobjekt Nr. 58
aus der Sammlung A. S. Drey**

Für die Auktion ließ Paul Graupe einen
umfangreichen, bebilderten Katalog drucken.
Zum Verkauf stand auch das große Porträt
eines venezianischen Edelmannes von Jacopo
Tintoretto (1518–1594), das Drey 1927 bei
einer Versteigerung in London erworben hatte.

Er fand im Juni bei dem Berliner Auktionshaus des prominenten jüdischen Kunsthändlers Paul Graupe statt, der sich auf den Verkauf jüdischer
Sammlungen spezialisiert hatte. Die Kunstschätze waren von hoher und
höchster Qualität. Manche Werke waren so bedeutend, dass bei einem
Verkauf ins Ausland erst die Ausfuhrerlaubnis des Reichsinnenministers
einzuholen war. Noch im gleichen Jahr erwarb der aus Köln stammende
Kunsthändler Walter Bornheim die Firma A. S. Drey, die er als „Galerie
für alte Kunst, vorm. A. S. Drey" weiterführte. Er beschränkte sich auf die
Hälfte der bisherigen Räume und zog zwei Jahre später in die Brienner
Straße 13 um. Walter Bornheim besaß das besondere Vertrauen von Hermann Göring, der ihn auch in München besuchte. Bei Bornheim wurde
die berühmte, kostbare Majolika-Sammlung von Alfred Pringsheim ausgestellt, bevor sie zum Verkauf kam.

Mit dem Verkauf des Hauses endete auch für das Ehepaar Pringsheim die Zeit am Maximiliansplatz. Sie mussten sich nach einer neuen Bleibe umschauen und zogen am 19. Februar 1937 in die Widenmayerstraße, wo auch die Schwestern Liesecke wieder ihre Pension eröffneten. Dabei scheint die IHK nicht auf die Lösung des Mietverhältnisses gedrängt zu haben. So schrieb Hedwig Pringsheim im Sommer 1936 an ihre Tochter: „Wir haben uns entschieden, den Winter über in der bequemschönen Wohnung zu bleiben und uns zum 1. April um eine neue umzuschauen." Doch die Bauarbeiten mit viel Lärm und Schmutz zerrten an den Nerven. Ein Kammermitarbeiter hielt in einer Notiz fest: „Herr Geheimrat Pringsheim (...) hat heute in verärgertem Tone Klage geführt über die nachgerade unhaltbar werdende Belästigung der Mieter durch den Umbau."

Schnell belegte die Kammer die freiwerdenden Flächen im Haus an der Max-Joseph-Straße und brachte die Bibliothek im Erdgeschoss zur Otto-straße unter. Der Architekt Heinrich Bergtholdt entwarf die Ausstattung mit Holz- und Eisenregalen, die den Bücherbestand im Umfang von 1.500 laufenden Metern aufnahmen. Im ersten Stock residierten Präsidium und Hauptgeschäftsführung. Ein Treppenübergang sorgte für die Verbindung zum Nachbarhaus.

Den Nachkommen von Kommerzienrat Siegfried Drey und seiner Gattin Therese – Dr. Paul Leopold Drey, Franz Alfred Drey, Antonie Levi und Alice Schindler – gelang bis auf die älteste Tochter die Emigration. Luise Salomon geb. Drey wurde am 20. November 1941 nach Kaunas in Litauen deportiert und dort wenige Tage später ermordet. Dr. Paul Drey (1884–1953), Inhaber der Galerie am Maximiliansplatz, war zugleich Inhaber der 1920 gegründeten Paul Drey Gallery in New York, wohin er im August 1936 endgültig emigrierte. Sein Bruder Franz Alfred Drey (1886–1952), Chef der Londoner Filiale der Firma Drey, meldete sich Ende Februar 1936 nach Paris ab und emigrierte schließlich ebenfalls nach New York. Auch die beiden Söhne von Adolf Stern, Ludwig (1882–1939) und Friedrich (1888–1970), gingen in das amerikanische Exil.

Abb. 80
**Mieter im Haus Drey: Alfred (1850–1941)
und Hedwig Pringsheim (1855–1952),
Schwiegereltern des Schriftstellers Thomas
Mann, 1938**

Geheimrat Alfred Pringsheim, der aus sehr vermögender Familie
stammende Mathematiker und Professor an der Münchner Universität, war ein Kunstfreund und großer Sammler. Seine Frau Hedwig
hatte vor ihrer Ehe als Schauspielerin auf der Bühne gestanden.
Sie war eine Tochter der bekannten Frauenrechtlerin Hedwig Dohm.
1939 gelang es ihnen, in die Schweiz auszureisen.

Kriegszerstörung und Neubeginn

Am 1. September 1939, einem schönen Spätsommertag, verkündeten die Lautsprecher in München wie überall im Reich den Kriegsbeginn. Im Reichstag rechtfertigte Reichskanzler Adolf Hitler den längst geplanten, heimtückischen deutschen Überfall auf Polen: „Seit 5.45 Uhr wird jetzt zurückgeschossen!" Der Zweite Weltkrieg hinterließ in München, der „Hauptstadt der Bewegung", eine fürchterliche Spur von Leid und Zerstörung: 6.000 Tote, 15.000 Verwundete, 300.000 Obdachlose, die Bausubstanz zu mehr als 40 Prozent zerstört. Angesichts der Trümmerlandschaft gab es sogar Pläne, München am Starnberger See wiederaufzubauen. Insgesamt 73 Luftangriffe waren über die Stadt hinweggegangen. Auch das Kammergebäude hatte bei den Angriffen englischer und amerikanischer Kampfflugzeuge immer wieder schwere Treffer hinnehmen müssen. Am Abend des 19. März 1942 erschütterten erstmals die Bombenabwürfe englischer Flieger den Gebäudekomplex am Maximiliansplatz und an der Max-Joseph-Straße. Trotz zersplitterter Fenster und beschädigter Türen lief der Betrieb weiter.

Zunehmend verlor die Kammer den Charakter wirtschaftlicher Selbstverwaltung und wurde zum verlängerten Arm weisungsbefugter Staats- und Parteistellen. Zu den gesetzlich verordneten neuen Tätigkeitsfeldern der IHK gehörte auch die Mitwirkung an der sogenannten „Arisierung", der Verdrängung der Juden aus dem Wirtschaftsleben. Sie übernahm die Koordinierung der Behörden und Einrichtungen, die an diesem Prozess beteiligt waren, und überwachte das „bürokratische" Verfahren. Im Zuge der Anforderungen der Kriegswirtschaft sollten Verwaltungsreformen die Effektivität erhöhen. Eine Verordnung vom 20. April 1942 sah vor, Industrie- und Handelskammern gemeinsam mit den Handwerkskammern und anderen Wirtschaftsorganisation in sogenannte Gauwirtschaftskammern zusammenzufassen.

Abb. 81
Vizepräsident Max Schönherr bei der Besichtigung der Schäden nach dem Angriff vom Juli 1944

Am 1. April 1943 wurde die Industrie- und Handelskammer München, wie sie seit 1927 hieß, in die Gauwirtschaftskammer München-Oberbayern überführt. Das Datum fiel auf den Monat genau mit der Gründung vor 100 Jahren zusammen. Die Feierstunde einige Wochen später im Künstlerhaus gestaltete sich vor dem Hintergrund der Lebensmittelrationierung nicht einfach. Ein „Gläschen Weinbrand" aus den Beständen vor Ort verlieh dem Festessen eine besondere Note. Es blieb für lange Zeit die letzte große Veranstaltung.

Mehr und mehr suchten Luftangriffe die Stadt heim. Die Kammer erhöhte die nächtliche Brandwache von sechs auf zehn Mann. Auf dem Dach ließ sie einen Löschwasserbottich installieren. Wertvolle Unterlagen und Einrichtungsgegenstände wurden in Ausweichlager im Umland gebracht. Am 24. April 1944 kurz nach Mitternacht ereignete sich der bislang schwerste Angriff auf München. Der Schein der brennenden Stadt soll bis ins Gebirge hinein zu sehen gewesen sein. Auch das Thierschgebäude am Maximiliansplatz stand in Flammen. Der Werksfeuerwehr Anton Schlüter Freising gelang es, das Feuer einzudämmen und das Gebäude zu löschen. Allmählich zerfiel die Stadt in eine Ruinenlandschaft. Beim Angriff amerikanischer Kampfflugzeuge am 12. Juli 1944 zerstörte eine Sprengbombe den Mitteltrakt an der Max-Joseph-Straße und beschädigte erneut den Thierschbau.

Abb. 82
Das Kammergebäude nach
dem Sprengbombentreffer
vom 12. Juli 1944

Abb. 83
Blick vom „Regina-Hotel" auf das zerstörte Kammergebäude an
der Max-Joseph-Straße, Juli 1944

Das endgültige „Aus" kam mit dem Angriff am 7. Januar 1945, als Bomber der Royal Air Force ihre tödliche Fracht abwarfen. Mehr als 500 Menschen verloren ihr Leben. Das Kammergebäude war zu 98 Prozent nicht mehr benutzbar. Das Personal arbeitete zunächst in provisorisch eingerichteten „Kellerbüros" weiter. Außerdem wurde eine „Bürobaracke" in Söcking errichtet, die vom Bahnhof Starnberg mit einem Fußweg von 20 Minuten erreichbar war.

Am 30. April 1945 ging der Krieg in München zu Ende. Um 16.05 Uhr übergab Oberrechtsrat Dr. Michael Meister in Vertretung für den geflohenen NS-Oberbürgermeister Karl Fiehler die Stadt an die Amerikaner. Wenige Tage später setzte die US-Militärregierung Dr. Karl Scharnagl als Oberbürgermeister ein, der bereits vor 1933 dieses Amt innehatte. Weil er in den chaotischen Nachkriegsverhältnissen dringend auf Unterstützung angewiesen war, wandte er sich an die IHK. Mit Genehmigung der Militärregierung verständigte man sich auf ein neues Präsidium. An dessen Spitze stand der Holzgroßhändler Reinhart Kloepfer, Mitinhaber der Firma Klöpfer & Königer. Der frühere Hauptgeschäftsführer, Dr. Edmund Simon, wurde wieder in seine Rechte eingesetzt. Dem ersten Spitzengremium gehörte vorübergehend auch Dr. Karl Arthur Lange, Vorstandsvorsitzender der Löwenbräu AG, an. Er wurde am 6. Juni 1945 Bayerns erster Wirtschaftsminister.

Als Vizepräsident fungierte Dr. Franz Weissbecker, Inhaber der Lebensmittelgroßhandlung Kehrer & Weber und später Gründer der SPAR Handelsorganisation. Rückblickend erinnerte er sich an die erste Sitzung: „Auf einer Anlagenbank vor dem ausgebrannten Kammergebäude, die erstaunlicherweise den Krieg überstanden hatte, fand sich dieses Präsidium unter der Leitung Reinhart Kloepfers zum ersten Mal zusammen und nahm dann in dem schwerbeschädigten Präsidentenzimmer mit seinen vernagelten Fenstern auf grünen Klappstühlen, wie man sie auf den sommerlichen Bierkellern hat, seine Arbeit auf."

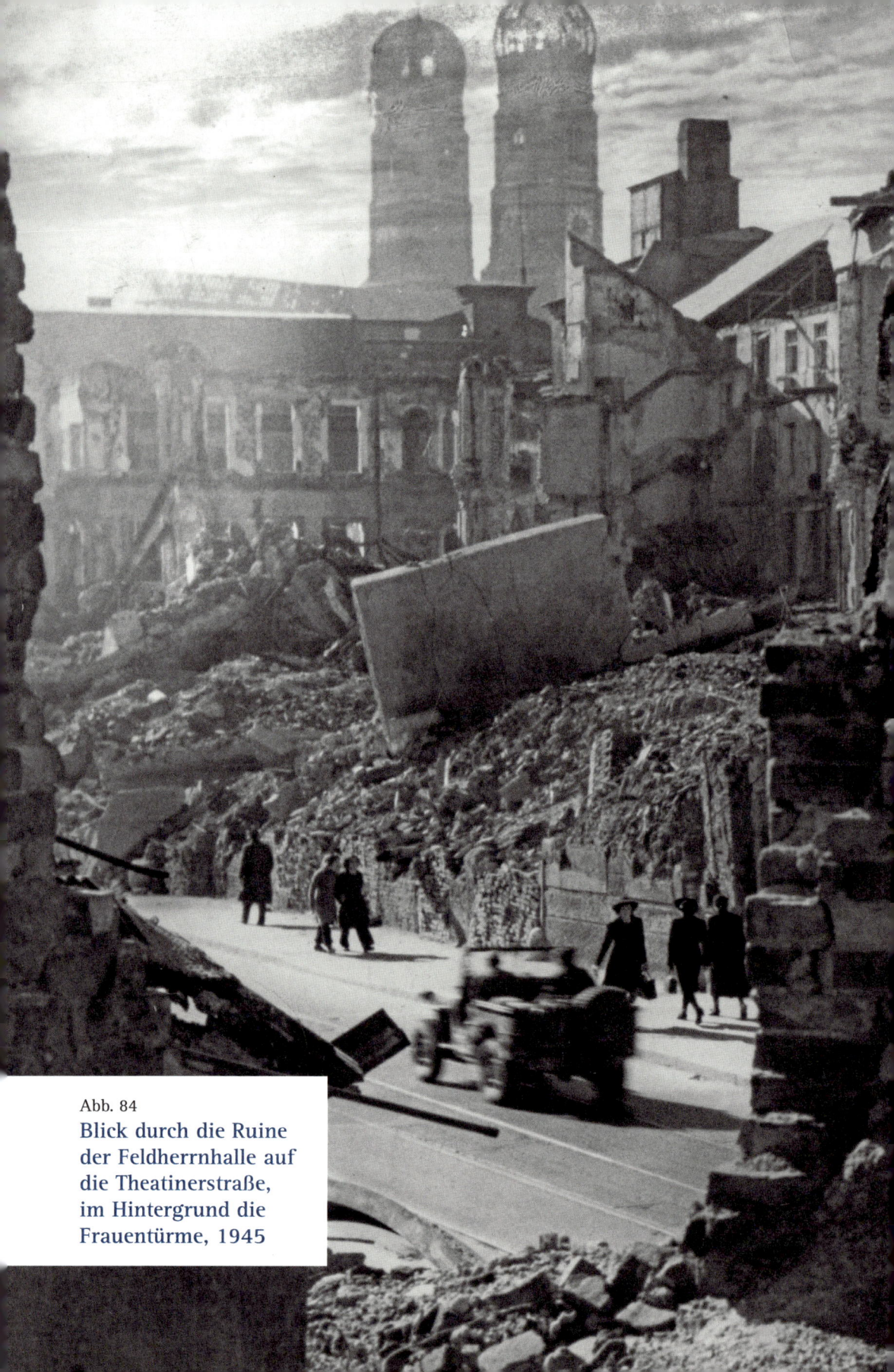

Abb. 84
Blick durch die Ruine der Feldherrnhalle auf die Theatinerstraße, im Hintergrund die Frauentürme, 1945

Abb. 85

Reinhart Kloepfer (1901–1976), erster IHK-Präsident nach Kriegsende 1945

Nach dem frühen Tod des Vaters übernahm Reinhart Kloepfer 1925 mit 24 Jahren die Führung der familieneigenen Holzhandlung Klöpfer & Königer in München. Nach Kriegsende 1945 berief ihn der damalige Oberbürgermeister Karl Scharnagl in Abstimmung mit der amerikanischen Militärregierung zum IHK-Präsidenten.

Abb. 86

Dr. Franz Weissbecker (1902–1972), Inhaber des Handelsunternehmens Kehrer & Weber, 1967

Die Wurzeln seines Unternehmens reichen bis ins Jahr 1761 zurück, als der aus Pavia zugezogene Kaufmann Angelo Sabbadini an der Isar eine Kolonialwarenhandlung gründete. Weissbecker gehörte 1952 zu den Wegbereitern und Gründern der SPAR-Handelsorganisation.

Abb. 87
Löwenbräu-Vorstand Karl Arthur Lange (1881–1947),
IHK-Präsidiumsmitglied und erster bayerischer
Wirtschaftsminister (1945–1947) in seinem Büro in
der Brauerei, um 1935

Schnell wurde die Kammer zur Anlaufstelle für hilfe- und ratsuchende Firmenvertreter. Binnen kürzester Frist war sie wieder funktionsfähig, während staatliche oder kommunale Behörden meist mit größeren Reorganisationsschwierigkeiten zu kämpfen hatten. Der neue Präsident Reinhart Kloepfer legte größten Wert auf möglichst pragmatisches Handeln: „Einstweilen gehe jeder an seine Arbeit, alles andere sind spätere Sorgen." Im August 1945 ließ die Militärregierung die Industrie- und Handelskammern auch offiziell wieder zu, allerdings auf der Grundlage freiwilliger Mitgliedschaft. Die IHK-Mitarbeiter konnten endlich ihr „Kellerdasein" beenden und in der Brienner Straße 47 (heute 26) das ehemalige Palais des international renommierten jüdischen Buch- und Kunstantiquars Jaques Rosenthal als Ausweichquartier beziehen. Er hatte das repräsentative Stadthaus 1934 unter Druck an die NSDAP verkauft, die hier die Deutsche Arbeitsfront unterbrachte. Die Instandsetzungsarbeiten in diesem Gebäude gestalteten sich schwierig, Baumaterial war in der Not der Nachkriegszeit kaum zu bekommen. Die Bombenruine am Maximiliansplatz und an der Max-Joseph-Straße war währenddessen schutzlos der Witterung ausgesetzt. Erst im Frühjahr 1947 kam ein Notdach auf den Gebäudeteil an der Ottostraße, der Mitteltrakt an der Max-Joseph-Straße wurde teilweise eingerissen und bis in den vierten Stock wieder aufgebaut.

In dieser Zeit wandte sich der altbewährte IHK-Syndikus Dr. Max Grünewald an Dr. Paul Drey, der im New Yorker Exil eine Kunsthandlung betrieb, um dessen Pläne für das IHK-Gebäude in Erfahrung zu bringen. Beide Herren hatten während der Verkaufsverhandlungen viel miteinander zu tun gehabt. Der Sohn von Kommerzienrat Drey beruhigte den Anfrager aus München, seine Anwälte seien „schon vor Monaten von mir dahin instruiert worden, dass eine Restitution des Hauses Maximiliansplatz 7 nicht verlangt werden soll." Er wies darauf hin, dass der Verkauf unter dem Druck der politischen und wirtschaftlichen Verhältnisse erfolgt sei, doch die Handelskammer habe das Haus „gegen Entgelt erworben und einen nicht unangemessenen Preis actuell bezahlt." Auch die „uebrigen Beteiligten" aus den Familien Drey und Stern waren mit dieser Entscheidung einverstanden. In allen anderen Fällen wollte Drey jedoch seine Ansprüche durchfechten. Ob er wirklich 1948 nach München kam, wie er Dr. Grünewald mitgeteilt hatte, lässt sich nicht mehr feststellen. Auch nicht, ob sein angekündigtes „Care-Packet" seinen Briefpartner erreichte. Diese Nahrungsmittelpakete waren im notleidenden Nachkriegsdeutschland sehr wertvoll, denn sie enthielten dringend benötigte Fleisch- und Fettkonserven, aber auch Kaffee, Milchpulver und Honig.

Abb. 88
Schutträumung vor dem Kammergebäude, Ende 1945

Gut sichtbar der Notdachstuhl über dem Mitteltrakt der Max-Joseph-Straße, der im November 1944 errichtet wurde.

Abb. 89
**Räumarbeiten vor
dem Kammergebäude,
1945/46**

Rechts im Bild die Ruinen des
„Regina-Hotels"

Abb. 90
Holzfällaktion der IHK-Mitarbeiter im Kranzberger Forst, September 1945

Weil der Winter bevorstand und Brennholz zum Heizen des Dienstgebäudes dringend benötigt wurde, meldeten sich 30 IHK-Mitarbeiterinnen und -Mitarbeiter zu einer Baumfällaktion. Drei Wochen lang waren sie im Gebiet des Forstamtes Freising im Einsatz. Als willkommene Vergünstigung durften sie auch Holz für den eigenen Bedarf schlagen.

Abb. 91
Gruppenfoto im Kranzberger Forst, September 1945

Abb. 92
Mitarbeiterinnen der Industrie- und Handelskammer auf dem Weg zur Arbeit mit der sogenannten „Bockerlbahn", um 1945

Nach den Bombenangriffen im November 1944 kam eine Behelfsbahn zum Einsatz. Sie bestand aus einer kleinen Feldbahnlok und teilweise überdachten Anhängern mit provisorischen Sitzplätzen.

Abb. 93
Das Ausweichquartier der IHK in der Brienner Straße, Januar 1949

Auf dem Balkon drängten sich die IHK-Mitarbeiterinnen und -Mitarbeiter. Nach 14-jähriger Pause zeigten die Münchner Schäffler im Fasching 1949 erstmals wieder ihren historischen Tanz.

Abb. 94

Die Währungsreform im Juni 1948: lange Schlangen vor der Bayerischen Hypotheken- und Wechsel-Bank AG

Mit der Währungsreform erfolgte die Weichenstellung für den Wiederaufbau in Westdeutschland nach dem Krieg. Als erste Maßnahme konnte ein sogenanntes „Kopfgeld" in Höhe von 40 Mark 1 : 1 gegen alte Reichsmark eingetauscht werden.

Mit der Währungsreform 1948 ging es auch für die IHK voran. Sie erhielt ihr beschlagnahmtes Vermögen zurück. Zum Jahresende nahm sie ihren Sitzungssaal im zweiten Stock des Thierschgebäudes wieder in Betrieb. Die Spatenbrauerei hatte dafür 50 Biergartenstühle zur Verfügung gestellt. Die finanziellen Mittel reichten jedoch für die Fertigstellung des IHK-Sitzes nicht aus. So entschied man sich, im eigenen Haus Läden einzurichten, um Mieteinnahmen zu erzielen. Noch bevor die Kammer selbst wieder einzog, eröffneten 1949 am Maximiliansplatz eine Filiale der Weinbrennerei-, Likör- und Essigfabrik Anton Riemerschmid und das auf Maßanfertigung spezialisierte Herren- und Damenmodegeschäft Borchert & Warth. Im Erdgeschoss an der Ottostraße mietete das Autohaus Niedermair & Reich – „Ford an der Isar" – Ausstellungs- und Verkaufsräume an.

Am 1. April 1950 war es dann auch für die IHK soweit: Sie kehrte in ihr traditionsreiches Heim zurück. Auch der Münchener Handelsverein als Träger der Bayerischen Börse setzte bis 1948 seine Räume am Maximiliansplatz wieder einigermaßen instand. Nur der Börsensaal war durch Brand und Löschwasser so schwer beschädigt worden, dass man erst 1951 mit der Renovierung beginnen konnte. Aus der ehemaligen Thiersch-Ära blieb lediglich die Rahmenkonstruktion der Holzdecke erhalten.

Wieder im alten Kammergebäude!

Die Geschäftsstelle der Industrie- und Handelskammer München befindet sich seit dem 1. April 1950 wieder im alten Kammergebäude:

München, Maximiliansplatz 7

Eingang Max-Joseph-Straße

Die Telephonnummern bleiben unverändert (36 03 56 – 59 und 2 10 93)

Abb. 95
In eigener Sache: Anzeige im IHK-Mitteilungsblatt zur Rückkehr ins Kammergebäude

Abb. 96

Das IHK-Gebäude mit Ford-Reklame, 1954

Nach den Zerstörungen der Kriegszeit hatte das IHK-Gebäude wieder
sein ursprüngliches Gesicht erhalten. Nur der Vorgarten mit den
großen Statuen wurde nicht wieder angelegt. Der Ford-Schriftzug
an der Ecke des Gebäudes weist auf die Autohandlung Niedermair &
Reich hin, die die Erdgeschossräume an der Ottostraße gemietet hatte.
Im Hintergrund die Baustelle der Handwerkskammer für Oberbayern.

Aufbruch in die Moderne

Zwar klafften im München der 1950er Jahre immer noch Kriegswunden, doch war diese Zeit vom Wiederaufbau und einer allgemeinen Aufbruchstimmung geprägt. Im Dezember 1957 kam das millionste „Münchner Kindl" zur Welt. Die Landeshauptstadt wuchs, am stärksten unter allen deutschen Großstädten. Wichtige Initialzündung für den Durchbruch der weiß-blauen Metropole und Oberbayerns zu einer führenden und zukunftweisenden Wirtschaftsregion in Deutschland war vor allem auch die Standortverlagerung großer Unternehmen an die Isar. Zugleich siedelten sich bedeutende Forschungseinrichtungen an und sorgten für weitreichende Innovationsimpulse. Für die Industrie- und Handelskammer München erfolgte damals eine tief greifende Zäsur. Durch das Gesetz vom 18. Dezember 1956 erlangte sie ihren früheren Rechtszustand mit Zugehörigkeit und Beitragspflicht aller in Betracht kommenden Unternehmen ihres Bezirks. 1958 wurde sie wieder zur Körperschaft des öffentlichen Rechts. Die Zahl ihrer Mitglieder wuchs sprunghaft: von 10.052 im Jahr 1952 auf 17.590 Firmen zum Jahresende 1958. Dazu kamen über die wieder eingeführte Pflichtmitgliedschaft 44.200 sogenannte Kleingewerbetreibende, also nicht im Handelsregister eingetragene Kaufleute.

Abb. 97

Siemens-Hauptversammlung im Gebäude der IHK München, 1956.
Am Pult der Aufsichtsratsvorsitzende Heinrich von Siemens.

Wichtiger Wachstumsimpuls für die Wirtschaft Münchens und Oberbayerns war 1949 die Verlagerung
des Siemens-Hauptsitzes aus dem zerstörten und besetzten Berlin an die Isar. Zu besten Zeiten hatte der
Weltkonzern hier 47.000 Beschäftigte.

Allmählich wurde es eng im Kammergebäude. Eine Reihe von weiteren
Mietern war dort untergekommen: so der Landesverband der Bayerischen
Industrie, die Landesverbände des bayerischen Einzelhandels sowie des
Groß- und Außenhandels, der Bayerische Hoteliersverband, die Zentrale
Deutsche Lebensmittel-Großhandelsgenossenschaft „Rewe", der Landes-
verein der Zeitungsverleger. Das Amtliche Bayerische Reisebüro unterhielt
dort einen kleinen Schalterraum. Auch die ursprünglich in der Damenstift-
straße ansässige und im Krieg ausgebombte Handwerkskammer hatte sich
bei der IHK eingemietet, bis sie 1956 ihren Neubau an der Max-Joseph-
Straße 4 beziehen konnte. Die beengte Raumsituation entspannte sich,
als die Bayerische Börse 1963 an den Lenbachplatz in das ehemalige
Gebäude der Deutschen Bank übersiedelte. Allerdings blieb der Münchener Handelsverein auch weiterhin zur Hälfte Eigentümer des ehemaligen Thierschbaus.

Als Vorteil erwies es sich, dass der in diesem Jahr gewählte IHK-Präsident aus der Baubranche kam: Heinz Noris, Vorstand der Held & Francke Bau-AG. Für den geplanten Großumbau brachte er mit Hans Rach den geeigneten Architekten mit. Sachlichkeit und Funktionalität waren die prägenden Leitideen für die Neugestaltung des Hauses. Die wichtigste Maßnahme war der Umbau des ehemaligen, über zwei Stockwerke reichenden Börsensaals zum neuen Kammersaal. Rach ließ Stirn- und Rückwand mit schlichten raumhohen Holzpaneelen verkleiden. Eine Prismenkonstruktion für die gesamte Decke sorgte für eine hervorragende Akustik. Die an den Saal angrenzenden Räumlichkeiten baute der Architekt zum sogenannten Clubraum sowie zum Großen und Kleinen Konferenzraum um und schuf damit ein geschlossenes Ensemble. Die IHK war bei laufendem Betrieb für zwei Jahre eine Großbaustelle, doch 1966 konnte IHK-Präsident Heinz Noris die Fertigstellung offiziell bekannt geben.

Abb. 98
Der Börsensaal, 1955

Der Thiersch-Saal war bei den Luftangriffen auf die Stadt München so schwer beschädigt worden, dass er seine ursprüngliche Gestalt verloren hatte. Bis zum Auszug der Börse 1963 fand dort der Parketthandel statt.

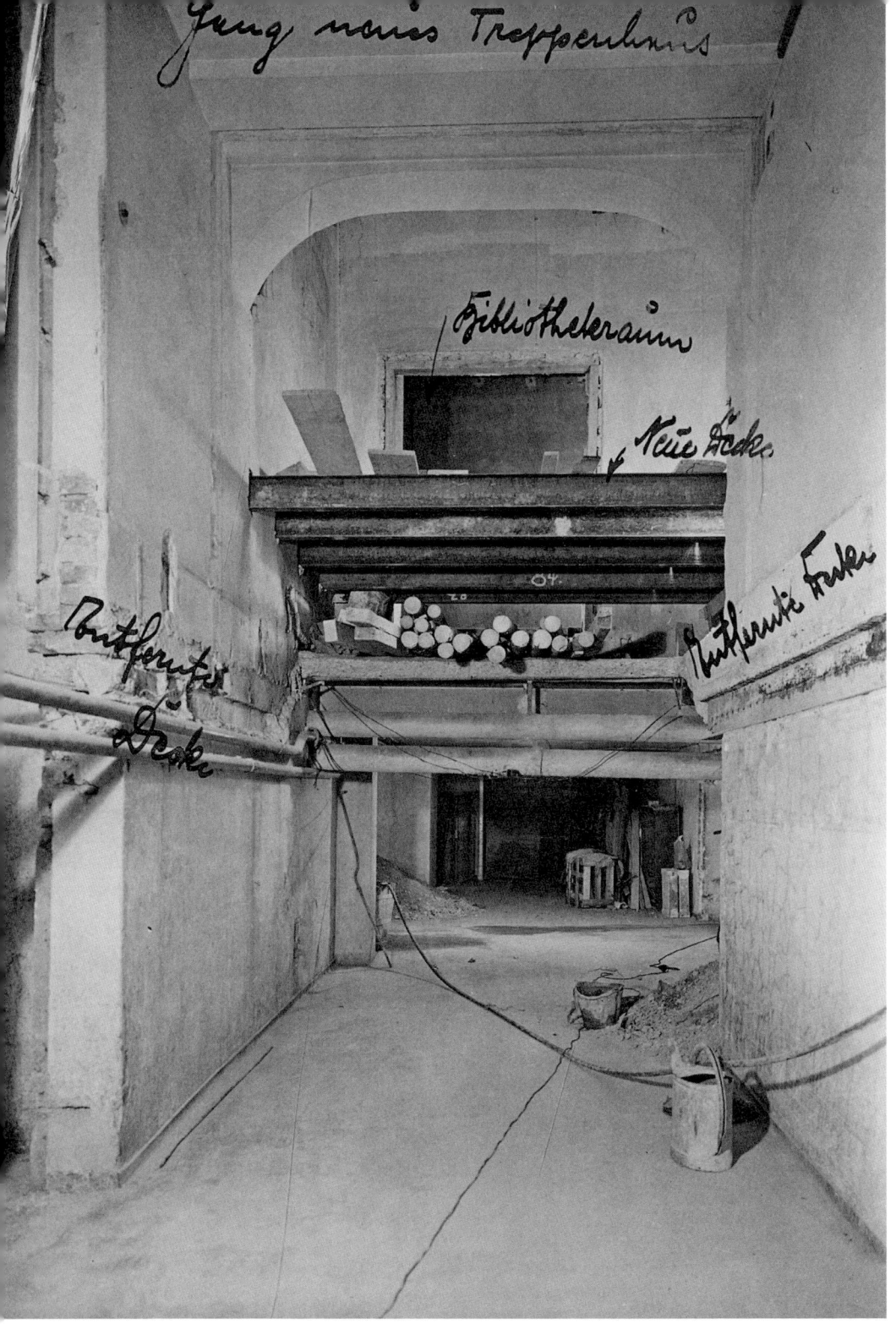

Abb. 99
Baustelle im Kammergebäude beim Umbau der 1960er Jahre

Abb. 100
Der ehemalige Börsensaal nach dem Umbau zum großen Kammersaal, 1966

Abb. 101
Kleiner Konferenz-
raum, 1966

Abb. 102

Der Nornenbrunnen in der Eschenanlage, 1998

Die Eröffnung des Brunnens 1907 fand bei strömendem Regen statt. Den Mittelpunkt des Monumentalbrunnens bilden drei über-lebensgroße Frauenfiguren, die Nornen Skuld (Zukunft), Verdandi (Gegenwart) und Urdh (Vergangenheit) aus der altnorwegischen Sage.

Abb. 103
Werbeplakat für das Cafè-Restaurant „Neue Börse", um 1952

Das traditionsreiche Börsencafé konnte sich aber nicht lange in die neue Zeit hinüberretten. 1954 musste es am Maximiliansplatz schließen. Vorübergehend bezog ein Gebrauchtwagenhändler die leer stehenden Räume im Erdgeschoss, bis 1963 die Opel-Vertretung Johann Häusler & Co. KG dort Ausstellungs- und Verkaufsräume für prestigeträchtige Marken wie General Motors und Alfa Romeo eröffnete. Zum Jahresende 1980 jedoch machte die IHK Eigenbedarf geltend, denn es herrschte erneut große Raumnot. Fachabteilungen mit starkem Publikumsverkehr waren sowohl im Thierschbau wie auch im Seidlhaus untergebracht, aber nur über einen verwinkelten Gang im zweiten Stock verbunden. Für Abhilfe sorgte nach zweijähriger Umbauphase ein neues Informations- und Servicezentrum. Außerdem hatte der Architekt Werner Wirsing eine Eingangs- und Ausstellungshalle geschaffen, die beide Häuser miteinander verband.

Abb. 104
Das Autohaus im Thierschbau in den 1960er Jahren

Abb. 105
Alter Handelskammersaal nach der Renovierung in den 1990er Jahren

In neuem Glanz:
die Renovierung der 1990er Jahre

Gut zehn Jahre nach den letzten Umbaumaßnahmen musste sich die IHK erneut mit ihrem Gebäude befassen. Die 150-Jahr-Feier 1993 rückte näher und eine kritische Bestandsaufnahme machte schnell deutlich, dass mehr als eine bloße „Raumkosmetik" notwendig war, um sich angemessen zu präsentieren. Die Fassade musste überholt werden; der funktionelle Kammersaal, das Foyer und die angrenzenden Räume waren in die Jahre gekommen und benötigten dringend eine neue Gestalt. IHK-Präsident Dr.-Ing. Dieter Soltmann setzte sich dafür ein, bei der Renovierung an die Tradition der Thiersch-Architektur in zeitgemäß neuer Form behutsam anzuknüpfen. Der damalige Hauptgeschäftsführer Prof. Dr. Wilhelm Wimmer sicherte zu, die Bewahrung des historischen Erbes und die notwendige technische Erneuerung kostenbewusst anzugehen. Gerade beim

Kammersaal war die Umgestaltung ein anspruchsvolles Unterfangen, denn hier gab es klare Vorgaben. Die Holzverkleidung, der Balkon, die Decke und das Scheibenrelief sollten erhalten bleiben.

Der Auftrag ging an die Malerin Ricarda Dietz, Tochter des Bildhauers Elmar Dietz und der Schriftstellerin Gertrud Fussenegger. Sie war in München mit zahlreichen, ganz unterschiedlichen Kunstwerken im öffentlichen Raum vertreten. So hatte sie bis dahin die Wandbilder für die U-Bahnhöfe Theresienwiese und Thalkirchen geschaffen. Später kamen noch fünf weitere Stationen dazu.

Abb. 106
Die Künstlerin Ricarda Dietz bei den Arbeiten im heutigen Börsensaal, 1993

Mit den Mitteln der Illusionsmalerei verwandelte sie zusammen mit dem Maler Christoph Schwarz im großen IHK-Saal die hohen Holzpaneele in eine Wand voll kostbarer Holzintarsien, die sich zu einer Scheinarchitektur zusammenfügten. Die Form der riesigen Fensterbögen fand ihre Entsprechung in drei mächtigen Arkaden an der Stirnwand des Saals. Die Längswand gegenüber den Fenstern erhielt ein gemaltes Rahmensystem in Grisaille und schmalen Marmorstreifen, das der großen Reliefscheibe optisch Halt verlieh. In halber Höhe verlief ein waagerechtes Band mit den Landkreiswappen der Industrie- und Handelsgremien. Die rückwärtige Wand mit Türen und Scheintüren ähnelte mit ihrer Holzintarsienmalerei

der Schauwand. Der Balkon darüber wurde mit einem auch farblich passenden Dekor angeglichen und über senkrechte Holzriemen mit der Decke verbunden. Die Wabendecke wurde in einem warmen Gelbton mit weiß abgetönten Spitzen koloriert. Die neue Ausgestaltung mit Bögen und Türen verlieh dem großen Raum den Charakter einer nach drei Seiten offenen Piazza. Der Eindruck wurde auch durch die der italienischen Renaissance entliehene Formensprache bei den Intarsien verstärkt.

Abb. 107
Fenster im Foyer des ersten Stocks, 1996

Abb. 108
**Foyer vor dem Großen und
Kleinen Konferenzraum, 1993**

Der Kammersaal blieb kein „Solitär", auch der obere Umgang des noch
erhaltenen Thiersch-Treppenhauses wurde in die neue Ausstattung mit-
einbezogen. Ricarda Dietz hellte den lichtarmen hohen Deckenraum mit
halbedelsteinfarbigen Rahmungen und Mustern vor lichtem Grund auf. Sie
umrahmte die Türen mit gemaltem Marmor und schuf Nischen in Scheinarchitektur. Spiegel und Konsolen vermittelten eine Raumatmosphäre voll
Leichtigkeit. Nahezu unverändert behielt dagegen der prunkvolle Treppenaufgang am Maximiliansplatz sein ursprüngliches Erscheinungsbild.
Die Jugendstil-Ornamente aus Stuck an der Decke, das Treppengeländer
mit kunstvollem Blumendekor und das Wandrelief von Ignatius Taschner
wurden vorsichtig und mit großem Respekt vor dem Original restauriert.

Abb. 109
Das Parlament der Wirtschaft: die IHK-Vollversammlung
bei ihrer konstituierenden Sitzung am 8. Juni 1996

Nach dem Jubiläum der IHK München 1993 stand die Erneuerung der Sitzungssäle an. Gemeinsam mit Helfried Schlenkrich arbeitete Ricarda Dietz den Alten Handelskammersaal auf. Sie erneuerte die ursprünglichen wandhohen Holzvertäfelungen und ließ die Gobelingemälde reinigen. Stuhlbezüge und Teppichboden in abgestuften Türkistönen setzten einen warmen Farbakzent. Ein riesiger, von Stefan Herzog geschaffener Rundleuchter knüpfte an die Thiersch-Epoche an. Die Generalüberholung erreichte auch den Kleinen Sitzungssaal, der sich 1995 in neuer Gestalt präsentierte.

Abb. 110
Der neu gestaltete Clubraum, 1996

Die
Generalsanierung:
„Wirtschaft für Zukunft"

Die großen Umbau- und Sanierungsmaßnahmen nach dem Zweiten Weltkrieg änderten nichts an der komplizierten Struktur des Gebäudekomplexes mit zwei getrennten Häusern. Zwar wurden die voneinander unabhängigen Grundrisse immer mehr miteinander verwoben. Doch die Übergänge waren schwierig und schlecht zu nutzen. Dazu kam, dass die IHK ihren gesamten Service in eine hochmoderne Kommunikations-Infrastruktur umbetten wollte. Die Einrichtung eines Informations- und Servicezentrums (ISZ) sollte nicht nur die Erreichbarkeit verbessern, sondern auch eine kompetente Erstberatung bieten. Dazu erhielt das neue Zentrum 2001 großzügige Räume für den Besucherverkehr. Der Innenhof des IHK-Gebäudes wurde als Mittelpunkt für den Gesamtbau so gestaltet, dass er auch für Veranstaltungen genutzt werden konnte. Stege in den Obergeschossen verbanden die Häuser. Ein gestalterisches Highlight des neuen Atriums war das Glasdach – eine transparente Konstruktion, bei der sich tragende und abdeckende Teile zu einer Einheit fügten. Doch die intensive Nutzung der beiden Gebäudeteile brachte auf lange Sicht keine nachhaltige Verbesserung. Das Haus platzte aus allen Nähten: Die IHK registrierte jährlich mehr als 30.000 Gäste und das hinterließ seine Spuren. Immer öfter mussten Veranstaltungen ausgelagert werden. Die historischen Gebäude waren dafür und für die Anforderungen an ein voll funktionsfähiges modernes Bürogebäude nicht ausgelegt. Die Kriegsschäden waren nur provisorisch und mit den Mitteln der damaligen Zeit ausgebessert worden. Im Lauf der Jahrzehnte wurden immer wieder Räume repariert und umgebaut. Die Auflagen von Brandschutz und Versammlungsstättenverordnung ließen sich kaum noch erfüllen.

Abb. 111
Das erste Atrium im IHK-Stammhaus, 2001

Der Innenhof zwischen Thierschgebäude und Seidlbau wurde als Atrium mit einer
Grundfläche von mehr als 200 Quadratmetern gestaltet. Über dem zweiten Obergeschoss wurde ein filigran gestaltetes Glasdach angebracht, Stege verkürzten die
internen Wege. Damit präsentierte sich die IHK „in einem lichten, neuen Kleid",
wie Hauptgeschäftsführer Dr. Reinhard Dörfler festhielt.

Abb. 112
Keller unter dem Atrium, 2010

Wegen massiver Probleme in der Statik musste der Keller gesperrt werden.
Unter dem Atrium stabilisierten Dutzende von Stützpfeilern wie in einem Bergwerk
Decken und Wände.

Ein größerer Wasserschaden Ende 2009 war Anlass, dass Baufachleute das
Mauerwerk des denkmalgeschützten Altbaus gründlich untersuchten. Ihre
Erkenntnisse waren alarmierend. IHK-Hauptgeschäftsführer Manfred Gößl
berichtete im Rückblick: „Man hat gesehen, dass der Mörtel die Steine
nicht mehr richtig zusammengehalten hat". Die Tragfähigkeit der Decken
erwies sich als unzureichend. Ein Gutachten ergab, dass eine Generalsanie-
rung unausweichlich war, denn die statischen Mängel waren gravierend.
Auch die Fundamente wiesen keine ausreichende Tiefenlage auf. In einer
Sofortmaßnahme wurde das Erdgeschoss im ehemaligen Dreygebäude mit
einem dichten Wald von Konstruktionsstützen wie im Bergbau gesichert.
Büros wurden gesperrt und dafür der Alte und der Kleine Sitzungssaal als
Ausweichflächen genutzt.

Abb. 113
Vorbereitungen für den Auszug aus der IHK-Zentrale, 2011

Links im Bild: Hauptgeschäftsführer Peter Driessen

Angesichts dieser schwierigen Ausgangslage wurde eine Reihe von Alternativen ausgelotet, so z. B. der Umzug in ein neues Domizil im ehemaligen Staatsbank-Gebäude an der Kardinal-Faulhaber-Straße, das sich aber als ungeeignet erwies. Von Anfang an bestand Einigkeit darin, dass die IHK nicht in ein beliebiges Bürogebäude eines Münchner Vororts ziehen kann. Doch bei Objekten innerhalb des Altstadtrings wurde man nicht fündig. Eine gründliche Kosten-Nutzen-Analyse, die Wertsteigerung des Hauses und die exzellente Lage sprachen für die Sanierung. Nach ausführlichen, offenen Diskussionen mit den Unternehmerinnen und Unternehmern im Bau- und im Haushaltsausschuss und zuletzt in der IHK-Vollversammlung fiel dort am 16. März 2011 die Entscheidung zur Generalsanierung des IHK-Stammhauses. Und der damalige IHK-Präsident Prof. Dr. Dr. h.c. mult. Erich Greipl und IHK-Hauptgeschäftsführer Peter Driessen bekannten sich Ende 2011 zum Standort an der Max-Joseph-Straße: „Wir bleiben die erste Adresse."

Eine letzte Hürde war noch zu nehmen. Da der Münchener Handelsverein als Träger der Bayerischen Börse einen Anteil am Thierschgebäude besaß, musste die IHK hier Verkaufsverhandlungen führen. Am 29. November 2011 ging der Ankauf erfolgreich über die Bühne. Für die Sanierungsmaßnahmen verließen damals Ende des Jahres rund 350 Mitarbeiterinnen und Mitarbeiter das Stammhaus und angemietete Büros am Lenbachplatz und bezogen ein Ausweichquartier in der Balanstraße im Münchner Stadtteil Haidhausen.

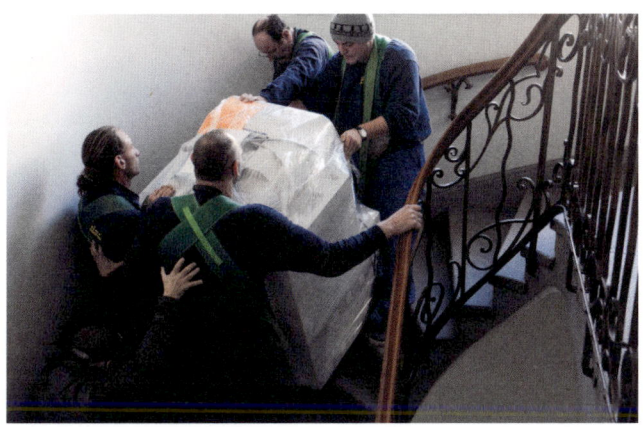

Abb. 114
Auszug aus dem Stammhaus, Dezember 2011

Abb. 115
Offizieller Baubeginn in der Max-Joseph-Straße, 10. Januar 2012

In der Bildmitte IHK-Präsident Prof. Dr. Erich Greipl

Abb. 116
**Ausweichquartier der
IHK in der Balanstraße
ab Januar 2012**

Abb. 117
**Baustellenzugang zum Thierschgebäude über die
Eschenanlage, April 2016**

Abb. 118
**Die verkleidete Fassade
zur Max-Joseph-Straße,
Mai 2017**

Abb. 119
**Entkerntes Erdgeschoss
an der Eschenanlage,
April 2016**

Ziel der Maßnahmen war nicht nur eine umfassende Instandsetzung des
Gebäudes, sondern eine barrierefreie und behindertengerechte Gestaltung.
Auch die energetische Sanierung stand im Mittelpunkt der Planungen.
Umweltbewusst, wirtschaftlich nachhaltig, ressourcenschonend und abge-
stimmt auf die Bedürfnisse der Mitarbeiter – diese Eckpunkte bestimmten
das Klimakonzept für das Stammhaus. Und es war die IHK, die zusammen
mit anderen Nachbarn bei den Stadtwerken München den Anschluss der
Max-Joseph-Straße an das Fernkältenetz erfolgreich anregte. Bei diesem
geschlossenen System wird Wasser zentral abgekühlt und über eine Rohr-
leitung an die Kunden geliefert, wo es Abwärme aus der Gebäudeklimatisie-
rung aufnimmt. Dieses Wasser wird über eine zweite, parallel verlaufende
Leitung der zentralen Kälteerzeugung zugeführt und dem Abnehmer
erneut zur Verfügung gestellt. Die Stadtwerke München nutzen für dieses
System auch Grundwasser und unterirdisch verlaufende Stadtbäche.
Im IHK-Gebäude werden die Decken also mit Isarwasser gekühlt. Für die
Heizung des Gebäudes sorgt der Anschluss an das Münchner Fernwär-
menetz. Die Heizenergie gelangt ebenfalls über Rohrleitungen ins Haus
und wird dort über Wärmetauscher in die Zentralheizung eingespeist.
Das abgekühlte Wasser wird dann in das Heizkraftwerk zurück gepumpt.
Beim Transport entstehen nur geringe Energieverluste.

Abb. 120
**Im ersten Obergeschoss des
Thierschgebäudes, April 2016**

Bis auf die unter Denkmalschutz stehenden historischen Säle und das Originaltreppenhaus musste das Haus entkernt und umgebaut werden. Dabei stießen die Planer immer wieder auf große Herausforderungen. Um die historischen Stahlträgerdecken wieder tragfähig zu machen, mussten rund tausend Originalstahlträger vor Ort ertüchtigt werden. Um ihren Querschnitt zu verstärken, wurden sie im eingebauten Zustand durch Hydraulikpressen zeitweilig von ihrer Last befreit, dann oben und unten Laschen angeschweißt. Da nicht ganz klar war, wie der alte Stahl auf die Schweißarbeiten reagiert, begleitete ein Prüfingenieur den Verlauf. Insgesamt kamen dabei 18 Kilometer Schweißnaht zusammen.

Abb. 121
Blick in den Handelskammersaal mit abgehängten Holzpaneelen und verschalten Fenstern, April 2016

Abb. 122
Ehemalige Büros ohne Zwischen-
wände zur Max-Joseph-Straße hin,
April 2016

Anfang Dezember 2018 war es dann soweit: Die ersten IHK-Mitarbeiterinnen und -Mitarbeiter konnten die alte neue Zentrale wieder beziehen.
Im April 2019 stellte sich das Stammhaus dann einer breiten Öffentlichkeit vor, als die IHK ihr Jubiläumsjahr zum 175-jährigen Bestehen mit
einem Festakt beendete. Vor rund 400 Gästen aus dem IHK-Ehrenamt,
aus Politik und Zivilgesellschaft betonten prominente Redner wie Bundestagspräsident Wolfgang Schäuble und Ministerpräsident Markus Söder
die wichtige Rolle der IHK und ihrer Werte für die Zukunft von Wirtschaft
und Gesellschaft.

Abb. 123

Feier zum Abschluss des Jubiläumsjahrs und zum Wiedereinzug in das IHK-Stammhaus am 25. April 2019

V.r.n.l.: Bundestagspräsident Dr. Wolfgang Schäuble, IHK-Präsident Dr. Eberhard Sasse, Landtagspräsidentin
Ilse Aigner, Ministerpräsident Dr. Markus Söder, IHK-Hauptgeschäftsführer Dr. Manfred Gößl.

Abb. 124
Der bayerische Wirtschaftsminister Hubert Aiwanger (Bild Mitte) vor
dem Eingang zur IHK-Zentrale mit IHK-Präsident Dr. Eberhard Sasse
(rechts) und IHK-Hauptgeschäftsführer Dr. Manfred Gößl (links)

Abb. 125
Festgäste im neuen Börsencafé

Aufgehübschte Zentrale

Das generalsanierte Stammhaus der IHK für München und Oberbayern in der Max-Joseph-Straße. FOTO: SEVERIN SCHWEIGER / DAS KRAFTBILD

Mit einem Festakt hat die IHK für München und Oberbayern nicht nur ihr Jubiläumsjahr zu ihrem 175-jährigen Bestehen abgeschlossen, sondern zugleich ihr generalsaniertes Stammhaus in der Max-Joseph-Straße wiedereröffnet. Als Ehrengäste konnten unter anderem Bundestagspräsident Wolfgang Schäuble (CDU) und Bayerns Ministerpräsident Markus Söder (CSU) begrüßt werden. Die lange Geschichte der Münchner IHK spiegelt sich in ihrer Gebäudehistorie.

Als Ende des 19. Jahrhunderts die angemieteten Räume in der Königlichen Münze zu klein wurden, nahm die damalige Handels- und Gewerbekammer gemeinsam mit dem Münchner Handelsverein, dem Träger der Börse, ein eigenes Bauprojekt in Angriff. Am 25. April 1901 konnten beide Organisationen das vom damaligen Stararchitekten Friedrich von Thiersch geschaffene „Haus für Handel und Gewerbe" am Maximiliansplatz 8 beziehen.

Alteingesessene Münchner erinnern sich auch daran, dass bis Ende 1980 der Ford- und Alfa-Romeo-Autohändler Häusler an der Stelle des früheren Café-Restaurants „Neue Börse" im Erdgeschoss des Gebäudeteils Maximiliansplatz 8 seine Fahrzeuge ausstellte. Wegen akuten Platzmangel musste die IHK das Mietverhältnis letztendlich unter Hinweis auf den dringenden Eigenbedarf mit einer Frist von 18 Monaten kündigen.

Zerbombt im Krieg

1935 wurde für mehr als eine Million Reichsmark der angrenzende Gebäudekomplex an der Max-Joseph-Straße 2 erworben. Dieser war im Jahr 1911 vom Architekten Gabriel von Seidl als privates Wohn- und Geschäftshaus für den Antiquitätenhändler Arnold S. Drey errichtet worden. Seitdem besteht die IHK aus zwei historisch separaten Gebäudeteilen mit unterschiedlichen Fundamenten, Stockwerkshöhen und Fassadengestaltungen. Beide Gebäudeteile umschließen dazu einen Innenhof, der erst bei einer Modernisierung Anfang der 1980er Jahre überdacht wurde.

Der größte Einschnitt in der Gebäudegeschichte waren die wiederholten Bombardierungen im Zweiten Weltkrieg. Erste kleinere Schäden entstanden bei den Luftangriffen vom 7. September und 2. Oktober 1943. Daraufhin wurde im Dachgeschoss ein Löschwasserbottich installiert. In den frühen Morgenstunden des 25. April 1944 verwandelten 400 Kampfflugzeuge der Alliierten die Münchner Innenstadt in ein Inferno. Das Dachgeschoss und das oberste Stockwerk brannten völlig aus. Am 12. Juli 1944 folgte ein noch größerer Angriff, der tiefe Wunden im Kammergebäude hinterließ. Eine Sprengbombe zerstörte den gesamten Mittelteil des Seidl-Gebäudes an der Max-Joseph-Straße. Im Thiersch-Bau

waren Schäden in allen Stockwerken zu verzeichnen. Fünf weitere Luftangriffe auf München folgten noch, zuletzt am 7. Januar 1945. Das Gebäude war danach zu 98 Prozent unbenutzbar.

Die Kammer habe „den Dienstbetrieb ihrer gesamten Abteilungen nunmehr im Hinblick auf den eingetretenen Totalschaden im Keller ihres Bürogebäudes vereinigt", so die Meldung an den damaligen Münchner Oberbürgermeister. Zugleich wurde eine Bürobaracke in Söcking bei Starnberg als „Ausweichdienststelle" in Betrieb genommen.

250 Proben genommen

Etliche dieser Kriegsfolgeschäden konnten tatsächlich erst im Zuge der aktuellen Sanierung von Grund auf beseitigt werden. Insgesamt wurden über 250 Proben genommen, also kleine Kerne aus Decken und Wänden gebohrt, um überhaupt einen Überblick über die Bausubstanz zu bekommen. Ein Treppenhaus und mehrere Decken im Seidl-Gebäude waren nach dem Krieg mit minderwertigem Beton aufgebaut worden, dieser Bereich musste komplett entfernt und erneuert werden. So konnte dort auch eine neue, sinnvolle Raumaufteilung hergestellt werden. Statt fogenuliger Flure gibt es in diesem Gebäudeteil nun deutlich mehr Besprechungs- und Büroräume.

Ein Hauptziel der aktuellen Sanierung war, in einem Rechtenschlag einerseits die Erfüllung aller modernen Baunormen, des Brandschutzes und der Versammlungsstättenverordnung zu sorgen, und andererseits die IHK-Gebäude wieder mit ausreichend Platz für Veranstaltungen und einem zeitgemäßen Beratungsumfeld auszustatten. Denn im IHK-Gebäude kommen Existenzgründer, Soloselbstständige und Familienunternehmer ebenso wie Weltmarktführer und Wirtschaftsdelegationen mit Ministern und Staatspräsidenten aus aller Welt. Zugleich ist das IHK-Stammhaus der Ort, in dem das Gesamtinteresse der oberbaye-

rischen Wirtschaft ermittelt wird – als Tagungsort für die IHK-Vollversammlung, dem höchsten demokratischen Organ der IHK, sowie für die IHK-Fachausschüsse. Was das Maximilianeum für die bayerische Politik, ist das IHK-Gebäude für die gewerbliche Wirtschaft in München und Oberbayern.

Der bauliche Zustand vor der Sanierung war alles andere als optimal. Der Raum wurde immer knapp. Besucher verliefen sich in den verwinkelten Übergängen zwischen den Gebäudeteilen. Im Laufe der Jahrzehnte wurden immer wieder Räume ausgebessert, repariert und umgebaut. Ständig tauchten neue Mängel auf. 2011 beschloss die IHK-Vollversammlung die umfassende Sanierung. Andere Optionen, darunter die Aufgabe des Standorts, wurden mit großer Mehrheit verworfen.

Fortsetzung auf Seite 23.

Richtfest im „Haus für Handel und Gewerbe" am 26. Mai 1900 und das im Zweiten Weltkrieg zerstörte Gebäude.
FOTOS: BAYERISCHES WIRTSCHAFTSARCHIV

Die historische Substanz wurde erhalten

Für die Sanierung hat der Bauherr den grundsätzlichen Anspruch formuliert, das Gebäude aus einer Art Dornröschenschlaf in den Kontext des 21. Jahrhunderts zu heben und dabei auf die fantastische Einzelfigur des Gebäudeensembles im Stadtraum zu achten. Eine große Herausforderung dabei waren die zwei grundverschieden konstruierten Gebäudeteile: Der Thiersch-Bau wurde in einer eher seltenen Hybridbauweise mit genieteten Stahlträgern und Maurerziegelwerk als Deckenfüllung errichtet. Der Seidl-Bau ist dagegen relativ herkömmlich gebaut, hatte aber die größeren Folgeschäden aus dem Krieg.

Weitreichende Vorbereitungsmaßnahmen waren notwendig: Zur Stabilisierung des Gebäudekomplexes wurden zwei Monate lang die Fundamente mit einem Beton-Zement-Gemisch bis in eine Tiefe von drei Metern unterspritzt. Außerdem wurden die Gebäudeteile miteinander verbunden, indem man Betonscheiben, die bis in den Keller hinunterreichen, an den verbindenden Flurwänden entlang der Gebäudeseiten eingefügt hat. Damit wurde das Gebäude ausgesteift und an heutige Vorschriften angepasst. Dazu gehört auch die Tragkraft der Decken: Diese müssen heute doppelt so viel Last aushalten können wie zu Zeiten von Thiersch und Seidl gefordert.

Kühldecken und neues Café

In die Beratungs-, Veranstaltungs- und Büroräume wurden Kühldecken eingezogen, die ans Fernkältenetz der Münchner Stadtwerke angeschlossen sind. Um den Bedarf an Veranstaltungsflächen zu decken, kommt ein Mehrfachnutzungskonzept für die vorhandenen Flächen zum Tragen. Das neue öffentliche Café als historischer Stätte wird zur Mittagszeit vor allem als Mitarbeiterkantine dienen. Abends kann es für Veranstaltungen genutzt werden. Der große Saal im Erdgeschoss ist zukünftig bei Bedarf unterteilbar in drei separate Veranstaltungsräume. Der zuvor als Abstellraum genutzte Keller wurde zur Garderobe inklusive Toilettenanlage umfunktioniert. Auch Funktionen für Küche und Catering wurden im Keller eingerichtet.

Das IHK-Stammhaus hat von Bayerns Sozialministerin Kerstin Schreyer (CSU) bereits das Signet „Bayern barrierefrei" erhalten, das im Eingangsbereich platziert ist. Die Plakette wird von der Bayerischen Staatsregierung vergeben und steht für konkrete Bei-

stadt. Beide Stadtbereiche sind als bauliche Ensembles denkmalgeschützt.

Am heutigen Maximiliansplatz befand sich einst die Wallbefestigung der Altstadt; dieser Bereich grenzt unmittelbar an die rasterförmig angelegte Maxvorstadt. Die beiden Häuser der IHK stehen imposant an der Schnittstelle zwischen diesen beiden Stadträumen. Dass sich die Architekten Friedrich von Thiersch und Gabriel von Seidl der Bedeutung dieses Platzes bewusst waren, zeigt sich nicht zuletzt an den aufwendigen Fassadengestaltungen beider Häuser: Sowohl das ab 1899 entstandene Haus für Handel und Gewerbe von Friedrich von Thiersch, die Keimzelle der heutigen IHK, als auch der von 1911 bis 1912 von Gabriel von Seidl ursprünglich als Wohn- und Geschäftshaus errichtete Bau an der Max-Joseph-Straße beeindrucken mit ihrer Außengestaltung.

Treppenhaus instand gesetzt

Im Zweiten Weltkrieg erlitten beide Bauten schwere Schäden. Die Fassade des Thiersch-Gebäudes am Maximiliansplatz 8 wurde vor allem im Dachbereich nur in reduzierter Form wiederhergestellt; auf die Ornamentik wurde verzichtet. Die prächtig gestalteten Innenräume waren ebenfalls schwer beschädigt. Sie wurden nicht rekonstruiert, sondern im Stil der Nachkriegszeit wieder aufgebaut. Ähnlich wie mit dem Bau Gabriel

Das neu überdachte Atrium. FOTOS: GORAN GAJANIN / IHK MÜNCHEN

von Seidls an der Max-Joseph-Straße verfahren: Zwar wurde hier die Fassaden wiederhergestellt; das Innere wurde aufgrund der erheblichen Verluste jedoch auch hier nahezu vollständig erneuert.

Bei der Sanierung der beiden IHK-Gebäude begleitete die Denkmalpflege unter anderem die statische Instandsetzung der Bauten. Es ging dabei vorrangig darum, bei den erforderlichen Eingriffen weitere Verluste an der historischen Substanz zumindest in Grenzen zu halten. Die große städtebauliche Bedeutung der Denkmäler definierte den Schwerpunkt der denkmalpflegerischen Arbeit: Insbesondere den nach Kriegsschäden wiederhergestellten Fassaden wurde große Aufmerksamkeit gewidmet.

Akribische Untersuchungen begleiteten die Konservierung und Restaurierung im Innern. Hervorzuheben ist ganz besonders, dass das Gebäude am Maximiliansplatz wiederhergestellt wurde zum großen Teil noch aus der Bauzeit erhaltene Fenster zieren – auch sie wurden erhalten und restauriert.

Zudem galt es, den verbliebenen Inseln des historischen Ausstattung gerecht zu werden. So wurde etwa das historische Prunktreppenhaus sorgfältig in-

stand gesetzt. Die aufwendige Instandsetzung der beiden IHK-Gebäude unterstreicht den großen städtebaulichen Wert dieser Baudenkmäler. > BSZ

Neue Büros und Besprechungsräume im Thierschbau.   Der Beratungs- und Servicebereich.

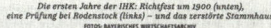

Die ersten Jahre der IHK: Richtfest um 1900 (unten), eine Prüfung bei Rodenstock (links) – und das zerstörte Stammhaus.
FOTOS: BAYERISCHES WIRTSCHAFTSARCHIV

VON PIA RATZESBERGER

Vom Schwertfeger bis zum E-Commerce

Die Industrie- und Handelskammer für München und Oberbayern begeht ihren 175. Geburtstag.
Am Anfang seiner Geschichte führte der Unternehmerverband einst kuriose Kämpfe

Man kann sich das heute kaum mehr vorstellen, doch es gab einmal eine Zeit, in der in München nur 25 Autos durch die Straßen fuhren. Das müssen entspannte Tage gewesen sein, ein Parkplatz zu finden zumindest dürfte einem nicht schwer gefallen sein. Und wenn es nach der Polizei gegangen wäre, hätte sich daran auch nichts geändert. Denn als ein 26. Wagen hinzukommen sollte, erhoben die Beamten sogleich Widerspruch gegen seine Zulassung: Gefährlich! Unverantwortlich! Verkehrschaos!

An diesem Beispiel aus dem Jahr 1899 sieht man gut, warum in einer Stadt so viele Menschen für wichtig halten, dass dabei alle Gruppen vertreten sind. Der regionale Verband der Unternehmer nämlich hat sich damals gegen die Regelung gewehrt. Und der 26. Wagen durfte doch einfahren.

Es ist eine von vielen Anekdoten aus der Geschichte der Industrie- und Handelskammer für München und Oberbayern, die vor mehr als 175 Jahren ihren Anfang nahm. Die Industrie- und Handelskammer ist heute die größte im Land und ihre Geschichte erzählt nicht nur, wie München über die Jahrzehnte zu einer Stadt mit einer starken Wirtschaft wurde, sondern auch, wie sich das Leben in München verändert hat. Denn setzte sich die Industrie- und Handelskammer im Jahr 1899 noch für die damalige Innovation des Autos ein, redet man bei der IHK heute über schnelles Internet auf dem Land und künstliche Intelligenz in der Produktion. Die Vertreter der Industrie- und Handelskammer tragen als die Politikerinnen und Politiker die unternehmerische Sicht heran, machen klassische Lobbyarbeit. Gerade deshalb dauerte es im 19. Jahrhundert doch ein paar Jahre, bis die Industrie- und Handelskammern überhaupt gegründet werden durften. Es war die Zeit der Eisenbahnen und der Fabriken und der rauchenden Schlote. Im Lehel stand noch eine Papiermühle und im Englischen Garten eine Hammerschmiede, die Kaufleute und Fabrikanten wollten sich damals zusammentun, um mit einer Stimme zu sprechen. Zum ersten Mal war von Industrie- und Handelskammern die Rede, aber König Ludwig I. von Bayern hielt von der Idee nicht viel. Warum sollte ein König auch einen Zusammenschluss von Unternehmern fördern, die damit mehr Macht hätten?

Doch Ludwig I. wird seine Meinung noch ändern, wird beobachten, wie sich neue Unternehmen gründen und die Wirtschaft erstarkt. Er wird erkennen, dass es besser mit den Unternehmern zusammenarbeitet. Am 19. September 1842 unterzeichnet der König eine Verordnung, „die Einführung von Handelskammern betreffend" und genehmigt ein Jahr danach die Handelskammer für den Regierungsbezirk Oberbayern. Ihre Mitglieder sind damals ein Bankier, vier Kaufmänner, drei nicht näher benannte Fabrikanten sowie ein Schwertfeger, ein Silberarbeiter und ein Wachslichterfabrikant. Den Vorsitz übernimmt Joseph Anton von Maffei, noch heute bekannte Münchner Unternehmen gehen auf seinen Namen zurück: nun einen Krauss-Maffei, die Firma für Maschinen. Zum anderen die Rüstungsfirma Krauss-Maffei Wegmann. In den ersten Jahren verändert sich die Struktur der Kammer immer wieder und die Mitglieder des Handelsrats debattierten unter anderem darüber, ob München nicht eine Messe brauche oder die „zahlreichen Märkte und Verkaufsbuden" in der Stadt nicht zu viel seien, ob man die Münchner und die Auer Dult nicht besser zusammenlege. Nach dem verlorenen Krieg gegen die Preußen im Jahr 1866 ruhte die Arbeit der Kammer für ein paar Jahre, doch zu Beginn des

Seit den 1950er Jahren gilt wieder die Zwangsmitgliedschaft. Diese bleibt umstritten.

Deutschen Kaiserreiches geht es dann mit neuen Eisenbahnschienen und um die neuen Sozialversicherungen. Die Zahl der Mitglieder mitunter in diesen Jahren so stark zu, dass die angemieteten Räume in der Alten Münze an der Pfisterstraße nicht mehr ausreichen, die Kammer zieht deswegen mit ihren Handelsverein an den Maximiliansplatz. Ende der 1920er-Jahre wird die IHK dann mit den Prüfungen von Auszubildenden beginnen, für die sie heute noch bekannt ist – damals legten zum ersten Mal Lehrlinge der Brillenfirma Rodenstock ihre Prüfung ab, auf alten Fotografien sieht man die Männer vor ihren Werkbänken sitzen. Heute sind die ersten Kaufleute im Jahr 2019 wieder an der Reihe. In ein paar Jahren wird die IHK den Beruf zum ersten Mal prüfen.

Die Arbeit hat sich in all den Jahren verändert, auch die Wirtschaft und auch die Stadt. Doch eine Konstante gibt es – das Haus in der Max-Joseph-Straße, errichtet vom Architekten Gabriel von Seidl. In den 1930er Jahren hatte die IHK das Haus für mehr als eine Million Reichsmark erworben. Nach der Machtübernahme durch die Nazis wurde die Handelskammer dann „gleichgeschaltet" und der Aufsicht des Reichswirtschaftsministers unterstellt. Als die Alliierten im Jahr 1944 schließlich ihre Bomben über der Stadt abwerfen, schlagen sie auch ins Haus der IHK ein. Im Bayerischen Wirtschaftsarchiv ist ein Foto aus dieser Zeit aufbewahrt, das den damaligen Vize-Präsidenten der IHK im Treppenhaus zeigt. Ohne Dach und ohne Wand.

Die amerikanische Militärregierung ließ die Kammer wieder zu, aber erst in den 1950er-Jahren wurde die Mitgliedschaft für alle Unternehmer wieder Pflicht. Bis heute ist das umstritten. In München gab es zuletzt viel Streit um die Mitgliedergebühren, denn die IHK hatte begonnen, ihr Haus in der Max-Joseph-Straße aufwendig zu sanieren. Waren die Kosten zu Beginn mit 72,5 Millionen Euro veranschlagt gewesen, erhöhten sie sich letztlich um 14 Millionen. Die langen Arbeiten sind auch der Grund, warum die IHK an diesem Donnerstag ihr Jubiläum mit ziemlicher Verspätung feiert. Denn schon im vergangenen Jahr jährte sich die Gründung der Kammer zum 175. Mal, doch zu diesem Zeitpunkt war das Haus noch eine Baustelle. Im Januar schließlich bezogen die Mitarbeiterinnen und Mitarbeiter nach sieben Jahren wieder ihre Büros, vier Jahre später als geplant.

Die Stadt wird sich verändern, das Haus aber wird bleiben – und wahrscheinlich auch manche Themen. Liest man etwa nach, was die Menschen in den Büros der IHK zu Beginn der 1990er-Jahre beschäftigt hat, kommt einem so manches bekannt vor: alle Unterbringung von Firmen, die aus München abwandern und die Schaffung von Wohnraum".

Die Heimat des Unternehmertums
Industrie- und Handelskammer feiert Wiedereröffnung ihres generalsanierten Stammsitzes

München – Die Generalsanierung war ein Kraftakt: „Brandschutz, Denkmalschutz, statische Probleme" – Eberhard Sasse, Präsident der Industrie- und Handelskammer für München und Oberbayern, erinnert sich mit etwas Schaudern an die siebenjährige Bauzeit. Seine Freude darüber, dass die „Heimat des Unternehmertums" zum Schuss wiedereröffnet werden konnte, war daher umso größer.

Über 400 Gäste strömten in die prächtigen neuen Räume an der Münchner Max-Joseph-Straße, die demnächst die Kantine der IHK sowie ein öffentlich zugängliches Café beherbergen werden. Auch der Präsident des Deutschen Bundestages, Wolfgang Schäuble, war der Einladung aus München gern gefolgt, wie er versicherte. Vertritt die Oberbayern-IHK doch 390 000 Unternehmen – und ist damit die größte Handelskammer der Welt. Weltoffenheit und zugleich regionale Verwurzelung: Das zeichnet nach Schäubles Worten das wahre ständische Unternehmertum aus – „und das braucht es ehe je denn je".

Das Haus mitten in der Stadt „strotzt nur so vor Selbstbewusstsein" – und das zu Recht, befand Bayern Mi-

Ein echtes Schmuckstück im Herzen der Landeshauptstadt: Die Zentrale der IHK in der Münchner Max-Joseph-Straße hat sich äußerlich nach der jahrelangen Generalsanierung wenig verändert, umso mehr dafür im Inneren. Das luftige Atrium (rechtes Bild) verbindet die beiden Gebäudeteile – und eignet sich bestens für eine Gästeempfang, wie sich zeigte.

Freuten sich über das Zusammentreffen: Regionalobfrau Susanne Brist-Keßler (links) und Charlotte Knobloch, Präsidentin der israelitischen Kultusgemeinde.

Schauten sich begeistert um: Edmund Stoiber (CSU, links), Ministerpräsident a.D. und Bayerns Wirtschaftsminister Hubert Aiwanger (Freie Wähler).

Ehrenpräsidenten: die Unternehmer Claus Hipp (links) und Dieter Soltmann.

Unternehmer Georg Randlkofer (rechts im Bild) und Landtagsabgeordneter Wolfgang Heubisch (FDP).

Sozialministerin Kerstin Schreyer (CSU, eingerahmt von Verleger Dirk Ippen (l.) und Staatskanzleichef Florian Herrmann.

ministerpräsident **Markus Söder.** Denn ein leistungsfähiger Mittelstand sei für die bayerische Wirtschaft im Zweifel wichtiger als die großen Konzerne.

10 Millionen Euro hat der zweiteilige Bau, der durch ein Atrium mit Glasdach verbunden ist, gekostet. Dafür steckt hinter den denkmalgeschützten Wänden und Fassaden jetzt jede Menge moderne energieeffiziente Gebäudetechnik. Das alles auch optisch sehr gelungen ist, darüber waren sich die Gäste – darunter viele Bundestags- und Landtagsabgeordnete und fast das gesamte bayerische Kabinett. Auch die Vertreter der großen Religionen saßen beim Fest gemütlich beisammen: Generalkonsul **Klaus Peter Franzl**, Regionalobfräfin **Susanne Brist-Keßler**, die Präsidentin der israelitischen Kultusgemeinde, **Charlotte Knobloch**, Imam **Benjamin Idriz** und der griechisch-orthodoxe Erzpriester **Apostolos Malamoussis**. Neben der Qualität des neuen Quartiers überzeugten sich auch die ehemaligen IHK-Hauptgeschäftsführer **Peter Driessen**, **Reinhard Dörfler** und **Wilhelm Wimmer** sowie die Ehrenpräsidenten **Dieter Soltmann** und **Claus Hipp**.

CORINNA MAIER

Die beiden Hausherren, IHK-Hauptgeschäftsführer Manfred Gößl (im linken Bild) und IHK-Präsident Eberhard Sasse (4. von links), begrüßten 400 Ehrengäste in der künftigen Kantine, die als Bürocafé auch für die Öffentlichkeit zugänglich wird (rechtes Bild). Bundespräsident Wolfgang Schäuble (links Bild gern eigens auch durch eingereist. Auch Bayerns Ministerpräsident Markus Söder (2. von links) und Landtagspräsidentin Ilse Aigner begutachteten die lichtdurchfluteten Räume.

Abb. 126

Das Presseecho in den bayerischen Zeitungen nach dem Wiedereinzug in das IHK-Stammhaus

Bayerische Staatszeitung am 26.04.2019 (links oben und unten), Süddeutsche Zeitung am 25.04.2019 (rechts oben), Münchner Merkur am 27./28.04.2019 (rechts unten)

Abb. 127
Das Atrium des IHK-Stammhauses

Schon beim Betreten besticht das Innere des Hauses durch seine großzügige Raumgestaltung. Der Eingangsbereich umfasst eine große,
transparente Beratungszone, die den intensiven Publikumsverkehr und
individuelle Beratungsgespräche erleichtern soll. Auch der Geist des früheren Café-Restaurants „Neue Börse" wurde wiederbelebt: Auf dessen
ehemaligen Flächen im Erdgeschoss befindet sich nun eine moderne und
lichtdurchflutete Cafeteria, das Börsencafé. Das Thiersch-Haus und der
Seidlbau sind durch ein großes Atrium miteinander verbunden, das auf
der Höhe des vierten Stocks von einem 200 Quadratmeter großen neuen
Glasdach in Form einer Kuppel überspannt wird. Im Winter lässt Heizungs-
wärme den Schnee abschmelzen. Bei Sonnenschein beschattet ein Segel
das Atrium. Auf Dachhöhe befindet sich völlig unbehelligt vom Großstadt-
lärm eine nach innen gelagerte Terrasse.

Abb. 128
**Blick von unten auf das Glasdach im Atrium
des IHK-Stammhauses**

Abb. 129
Ausstellungseröffnung im Atrium am 8. Oktober 2019

Das Bayerische Wirtschaftsarchiv zeigt zu seinem 25-jährigen Bestehen die Präsentation
„Bayerische Werte" mit historischen Aktien und Anleihen aus der Sammlung Uto Baader.

Ein völlig neues Aussehen erhielten die Veranstaltungsräume im ersten Stock. Der ehemalige Kammersaal, heute Börsensaal, wurde komplett entkernt und mit weißen Paneelen verkleidet. Von der modernen Schall-schutzdecke hängen goldfarbene Elemente aus Metallgewebe. Im Foyer sendet eine Leuchtschrift in großen Lettern die Botschaft: „Wirtschaft für Zukunft." Der frühere Große Sitzungssaal, heute wieder Handelskammer-saal, wurde gründlich restauriert und generalüberholt. Alle Säle erhielten neueste Medientechnik und sind miteinander vernetzt. Außerdem sind sie mit Kameras ausgestattet, sodass eine Übertragung in andere Räume möglich ist.

Abb. 130
Blick ins Grüne: das Börsencafé

Abb. 131
**Wie zu Zeiten von Friedrich Thiersch:
das Treppenhaus mit Hohlgalvanorelief**

Abb. 132
Foyer im ersten Stock mit Leuchtinschrift „Wirtschaft für Zukunft"

Abb. 133
Das denkmalgeschützte Treppenhaus im Thierschgebäude

Abb. 134
Der Handelskammersaal

Abb. 135

Ehrung für die IHK: die Bayerische Denkmalschutzmedaille 2020

Für die Erhaltung und nachhaltige Instandsetzung des Stammhauses der IHK für München und Oberbayern verlieh Kunstminister Bernd Sibler gemeinsam mit Bayerns Generalkonservator Prof. Dipl.-Ing Architekt Mathias Pfeil im Rahmen der IHK-Vollversammlung am 21. Juli 2020 die Denkmalschutzmedaille 2020 an Präsident und Hauptgeschäftsführer.

(V. r. n. l.: Kunstminister Bernd Sibler, IHK-Präsident Dr. Eberhard Sasse, IHK-Hauptgeschäftsführer Dr. Manfred Gößl, Generalkonservator Prof. Dipl.-Ing. Mathias Pfeil)

Abb. 136 (links und rechts)
**Die erste Vollver-
sammlung im wieder
eröffneten IHK-
Stammhaus am
4. Dezember 2019,
links mit Münchens
Oberbürgermeister
Dieter Reiter am Pult**

Dr. Eberhard Sasse und Dr. Manfred Gößl

Der Präsident der IHK für München und Oberbayern Dr. Eberhard Sasse (rechts)
und der IHK-Hauptgeschäftsführer Dr. Manfred Gößl (links) auf der Treppe des
denkmalgeschützten Treppenhauses im Thierschgebäude.

Im Gespräch mit ...

Dr. Eberhard Sasse, Präsident der IHK für München und Oberbayern, und IHK-Hauptgeschäftsführer Dr. Manfred Gößl

Eva Moser
Seit 1901 hat die IHK ihren Sitz in der Maxvorstadt. 110 Jahre später musste sie vorübergehend aus ihrem Gebäude ausziehen. Was waren die Ursachen und die wichtigsten Stationen in dieser Entwicklung?

Manfred Gößl
Wir mussten das IHK-Stammhaus räumen, weil die Standsicherheit der beiden Gebäudeteile rechnerisch nicht nachgewiesen werden konnte. Vereinfacht gesagt: Ein Großteil der Decken und Wände war nicht mehr stabil genug. Zu dieser bitteren Erkenntnis kamen 2010 gleich zwei Sondierungsgutachten. Brand- und Sprengbomben hatten im Zweiten Weltkrieg beide Gebäude mehrfach schwer getroffen. Sie wurden repariert und immer wieder auch umgebaut, aber im Betrieb nie vom Fundament bis zum Dachstuhl grundlegend saniert. Außerdem konnten wir die Auflagen für Brandschutz und Versammlungsstättenverordnung kaum noch erfüllen. Von Energieeffizienz und Barrierefreiheit ganz zu schweigen.

Wie kam es zu der Entscheidung: Generalsanierung statt Verkauf?

Manfred Gößl
Das IHK-Stammhaus ist ein Baudenkmal, innen wie außen. Ein Abriss und Neubau an gleicher Stelle sind ausgeschlossen. Es blieben also nur zwei Möglichkeiten: Verkauf und Suche bzw. Neubau eines Alternativgebäudes – oder eben die Generalsanierung und weitere Nutzung durch die IHK. Die Vollversammlung der IHK sprach sich im März 2011 nach intensiver Abwägung für die Generalsanierung in Eigenregie aus. Auf Basis einer Kostenschätzung von brutto 72,9 Millionen Euro.

Wie lange dauerte die Sanierung?

Manfred   Im Dezember 2018 zogen die ersten Mitarbeiter wieder in
Gößl   ihre Büros. Und am 25. April 2019, auf den Tag 118 Jahre nach
            der Ersteröffnung, feierten wir mit 400 Ehrengästen unser
altes, neues IHK-Stammhaus. Zwischendurch mussten wir den Generalplaner austauschen. Die Planungen unseres ersten Partners entwickelten
sich immer stärker in Richtung umfassender Erneuerung statt Ertüchtigung, was zu keinem Einvernehmen mit der Denkmalschutzbehörde
führte. Wir brauchten aber Geschwindigkeit und gesicherte Lösungen.
Wir haben daher ab Mai 2014 mit einem neuen Generalplaner zusam-
mengearbeitet, der umsichtiger mit der vorhandenen Gebäudesubstanz
plante. Die IHK-Vollversammlung stimmte im Juli 2015 dessen Planung
zu, auf Basis einer Kostenberechnung von brutto 75,25 Millionen Euro.
Dieser zweite Anlauf war erfolgreich.

Welche Bedeutung hat das historische Stammhaus für das Selbstverständnis der IHK für München und Oberbayern?

Eberhard   Die zentrale Lage des Gebäudes ist für uns und unsere
Sasse   Besucher gleichermaßen wichtig. Wir heißen unsere Gäste
            in der Stadtmitte willkommen, im Herzen einer Metropole
– und nicht irgendwo am Rand. Die Staatskanzlei und alle für die Wirtschaft relevanten Ministerien – Wirtschaft, Finanzen, Inneres, Bau und
Verkehr, Unterricht und Kultus – sowie das Rathaus der Landeshauptstadt
liegen in fußläufiger Entfernung zum IHK-Stammhaus. Gleiches gilt für
die Organisationen der Wirtschaft: ob Handwerkskammer, Vereinigung
der Bayerischen Wirtschaft, Bauernverband, Bankenverbände, Bayerische
Börse oder auch Gewerkschaften. Auch sie befinden sich in unmittelbarer
Nachbarschaft zur IHK. Dieser Nähe-Vorteil ist nicht nur essenziell für ein
funktionierendes Netzwerk, sondern auch für unsere Besucher. Auch für
mich persönlich hat das IHK-Stammhaus eine besondere Bedeutung (siehe
Kasten „Von Menschen und Gebäuden").

Die finanzielle Herausforderung für die Generalsanierung war groß.
Welches waren die Beweggründe, sie dennoch in Angriff zu nehmen?

Manfred Erbe und Identität der IHK zu wahren, war ein zentraler
Gößl Beweggrund in allen Entscheidungsgremien. Die schlichte
Wiederherstellung der Gebäudefunktionalität ein weiterer.
Zum anderen hatten wir wichtige wirtschaftliche Aspekte zu berücksich-
tigen: Eine Generalsanierung am Münchner Altstadtring ist eine Inves-
tition zur nachhaltigen Wertsteigerung der Immobilie – dies haben alle
Immobilienexperten im IHK-Bau- und Haushaltsausschuss klar prognos-
tiziert. Wie richtig diese Einschätzung war, zeigt allein schon die Wertent-
wicklung des Grundstücks am Maximiliansplatz: Im Frühjahr 2011 lag der
Bodenrichtwert bei 12.000 Euro pro Quadratmeter, heute sind es bereits
38.000 Euro. Hinzu kommt die Wertsteigerung eines modernen Veranstal-
tungs-, Beratungs- und Bürogebäudes in dieser zentralen Lage.

Wie entwickelten sich die tatsächlichen Kosten gegenüber
der Kostenberechnung?

Eberhard Die Kosten der Generalsanierung werden am Ende ca.
Sasse 20 Prozent über der Kostenberechnung vom Juli 2015
liegen. Das ist neben unvorhersehbaren Massenmehrungen
beim Bauen im Bestand zur Hauptsache auf die erheblichen Baupreisstei-
gerungen der vergangenen Jahre zurückzuführen. Eine Erfahrung, die alle
Bauherren, ob privat oder öffentlich, teilen. Zur finanziellen Einordnung der
Generalsanierung eines denkmalgeschützten Gebäudekomplexes kann ich
nur Mathias Pfeil, dem Generalkonservator des Bayerischen Landesamtes
für Denkmalpflege, zustimmen: „Wenn man die Baukostensteigerungen
berücksichtigt und den hohen Aufwand für Brandschutzmaßnahmen und
Barrierefreiheit, hat die IHK fast schon eine Punktlandung geschafft."

Das Sanierungsprojekt in Münchens Bestlage stand im Blickpunkt der Öffentlichkeit. Wie sind Sie damit umgegangen?

Eberhard Sasse Wir fühlen uns dem Leitbild des Ehrbaren Kaufmanns verpflichtet. Uns war es wichtig, die Generalsanierung immer offen und transparent zu behandeln. Wir haben alle Interview-Anfragen und Nachfragen der Presse selbstverständlich beantwortet. Auch bei den Sitzungen der Vollversammlung gab es zu diesen Punkten keinen Ausschluss der Öffentlichkeit. Wir haben das Projekt sogar bei jeder Zusammenkunft der Vollversammlung auf die Tagesordnung gesetzt. Auch im Internet haben wir regelmäßig darüber informiert und Budget sowie Zeitplan offengelegt. Diese Vorgehensweise hat sich sehr bewährt.

Wie passen Historie und Funktionalität der modernen Arbeitswelt zusammen?

Manfred Gößl Wir haben gezeigt, dass sich eine traditionelle Gebäudefassade mit modernster Technik kombinieren lässt. Gäste und Mitarbeiter betreten ein Baudenkmal und erleben zugleich Offenheit, Helligkeit und klare Wegführung. Erstmals sind alle Stockwerke über Aufzüge erreichbar und die beiden Gebäude auf sämtlichen Ebenen miteinander verbunden. Durch wassergeführte Deckenkühlung und Lüftung ermöglichen wir auch an heißen Tagen konzentrierte Kommunikation – ob bei Veranstaltungen, Kundengesprächen oder in der Büroarbeit. Die Glasfaservernetzung endet nicht vor dem Gebäude, sondern reicht in alle Räume. Darüber hinaus haben wir ein zeitgemäßes LED-Lichtsystem installiert, das auch über Bewegungsmelder gesteuert wird.

Welche Nachhaltigkeitsaspekte waren bei der Sanierung besonders wichtig?

Eberhard Sasse Für mich ist die Generalsanierung, also der Erhalt des Bestandes, bereits der wesentliche nachhaltige Ansatz. Zudem sind wir jetzt an das Fernwärme- und Fernkältenetz der Stadtwerke angeschlossen. Für unser nun durchgehend barrierefreies IHK-Stammhaus hat uns die Bayerische Staatsregierung ebenso ausgezeichnet wie für den sorgsamen Umgang mit dem Baudenkmal. Diese Auszeichnungen von höchster Stelle in Bayern sowie die positiven Rückmeldungen unserer Besucher und Mitarbeiter zeigen, dass wir mit der Generalsanierung letztlich unserer Verantwortung gegenüber den vorhergehenden und nachfolgenden Generationen gerecht geworden sind.

Von Gebäuden und Menschen

Eberhard Sasse

Ein junger Berliner, frisch angekommen, sieht sich München an. Auch das IHK-Gebäude. Die repräsentative Macht der starken Mauern und hohen Fenster.

Das war vor 50 Jahren. Das Pflichtmitglied Eberhard Sasse musste den finsteren Innenräumen noch viele Pflichtbesuche abstatten. Doch mit jeder Begegnung kamen wir uns näher – das IHK-Gebäude und ich. Was nicht am Bau selbst lag, sondern an den Menschen, die darin arbeiteten.

Sie haben mir und meinem kleinen Unternehmen viel mehr geholfen, als ich damals ahnen konnte. Ich sah die IHK-Zentrale nicht mehr als einschüchterndes Bauwerk sondern als Know-how-Stützpunkt.

Das Gebäude hatte den Dialog mit mir aufgenommen und mich überzeugt. Weil es für etwas steht, das innerhalb seiner Mauern lebt: Das „IHK-sein" lässt sich nicht an der Fassade ablesen, sondern an der DNA, die im Inneren wirkt.

Genau darum geht es bei unseren Gesprächen mit Partnern aus Wirtschaft, Politik, Verwaltung und öffentlichem Leben. Nicht um die Mauern, die uns umgeben. Sondern um unsere Sichtbarkeit dort, wo das Leben spielt – vor allem in den Mitgliedsbetrieben. Und das macht unser IHK-Gebäude viel größer, als es je ein Architekt hätte planen und bauen können.

Prof. Dipl.-Ing. Architekt
Mathias Pfeil

Generalkonservator des Bayerischen Landesamtes für Denkmalpflege.

Im Gespräch mit ...

Prof. Dipl.-Ing. Architekt Mathias Pfeil, Generalkonservator des Bayerischen Landesamtes für Denkmalpflege

Eva Moser Wie wichtig ist die bayerische Denkmalpflege heutzutage, was bedeuten Denkmäler für den Freistaat und für München?

Mathias Pfeil Denkmäler sind besondere Lichtpunkte in unserer gebauten Umwelt. Das hat natürlich mit Identität zu tun und mit speziellen Eigenschaften, die direkt mit der bayerischen Geschichte verbunden sind. Was Heimat ausmacht, ist eigentlich nicht sichtbar. Deswegen spielen Denkmäler als gebaute Identität eine wichtige Rolle. Bayern als Kulturstaat unterhält dazu ein Amt mit rund 370 Mitarbeiterinnen und Mitarbeitern, das sich ausschließlich darum kümmert, diese gebaute und die auch im Boden befindliche bayerische Identität zu sichern und zu bewahren.

Sie haben einmal gesagt: „Münchens Erscheinungsbild ist in Gefahr." Welche Bedeutung hat hier die IHK-Zentrale?

Mathias Pfeil Das Gebäude der IHK ist für mich etwas Besonderes: Die Handelskammer war gemeinsam mit der Börse der Bauherr und das Haus hat sich seitdem in ihrem durchgängigen Besitz befunden. Mit der Bewahrung und Ertüchtigung dieses baulichen Erbes zur nachhaltigen Eigennutzung hat sie sich über den kurzfristigen Kommerz gestellt. Dieses Bekenntnis zur eigenen Geschichte verdient hohe Anerkennung. Die IHK leistet damit auch einen wichtigen Beitrag bei der Bewahrung des typischen Münchner Stadtbilds.

Welche Kriterien sind heute ausschlaggebend für den Erhalt
eines Gebäudes?

Mathias Wichtig ist die Authentizität, also das Typische. Man kann
Pfeil ein Gebäude natürlich verändern, aber eben in dem Sinn,
wie es einmal gebaut worden ist. Es muss keine Rekon-
struktion sein, aber ein Denkmal sollte seiner ursprünglichen Bestimmung nach auch genutzt werden. Allerdings immer unter dem Aspekt,
was sich an Anforderungen verändert hat. Bei der Sanierung des IHK-
Stammhauses ist das sehr gut gelungen.

Welche Rolle spielen die beiden Architekten Friedrich von Thiersch und
Gabriel von Seidl in der Münchner Baugeschichte?

Mathias Die beiden Baukünstler gehören zu den renommiertesten
Pfeil Vertretern ihrer Zunft und haben die typische Münchner
Stadtlandschaft geprägt. Sie haben mit der Ornamentik in
bester Weise gespielt und Stilzitate mit neuen Formen wie dem Jugendstil
vermischt. Ihr Wirken spiegelt auch ein wenig die bayerische Mentalität
wider, denn sie haben gründerzeitlich großartige Aussagen mit ein biss-
chen Humor gewürzt.

Ein historisches Gebäude wie das IHK-Stammhaus hat auch immer
wieder Umbauten erfahren. Wo sind die Grenzen des Denkmalschutzes?

Mathias Der Denkmalschutz setzt dort Grenzen, wo der Geist eines
Pfeil Gebäudes gebrochen wird. Bei Umbauten muss der Respekt
vor dem Gebäude und der ursprünglichen Gestaltungsab-
sicht gewahrt werden. Da gibt es aber Spielraum für Interpretationen und
dafür sind Abstimmungen bis ins Detail notwendig. Im Fall der IHK haben
wir beispielsweise Zugeständnisse bei modernen Anforderungen wie dem
Einbau schallabsorbierender Decken gemacht. Sie sind heute unerlässlich,
um überhaupt Veranstaltungen durchführen zu können.

Wie sieht Ihre Bilanz der Sanierung des Baukomplexes aus?

Mathias Es ist gelungen, trotz aller modernen Anforderungen mög-
Pfeil lichst wenig von der historischen Bausubstanz preiszu-
geben. Mir hat sehr gut gefallen, dass man die Bruchstellen
des Gebäudekomplexes sichtbar gemacht und die beiden Häuser freige-
stellt hat. Die statische Ertüchtigung eines über 100-jährigen Denkmals
vom Fundament bis zum Dach ist immer eine besondere planerische und
bauliche Herausforderung. Und die Sanierungskosten im Griff zu halten,
ist alles andere als selbstverständlich, Aber hier kann man wirklich von
einer Punktlandung sprechen. Mein Respekt gilt den Gremien der IHK,
die sich diese Entscheidung nicht leicht gemacht haben. Der Erfolg gibt
ihnen recht.

Impressionen

Abb. 137
**Blick auf den Eingang
des IHK-Stammhauses,
Juli 2020**

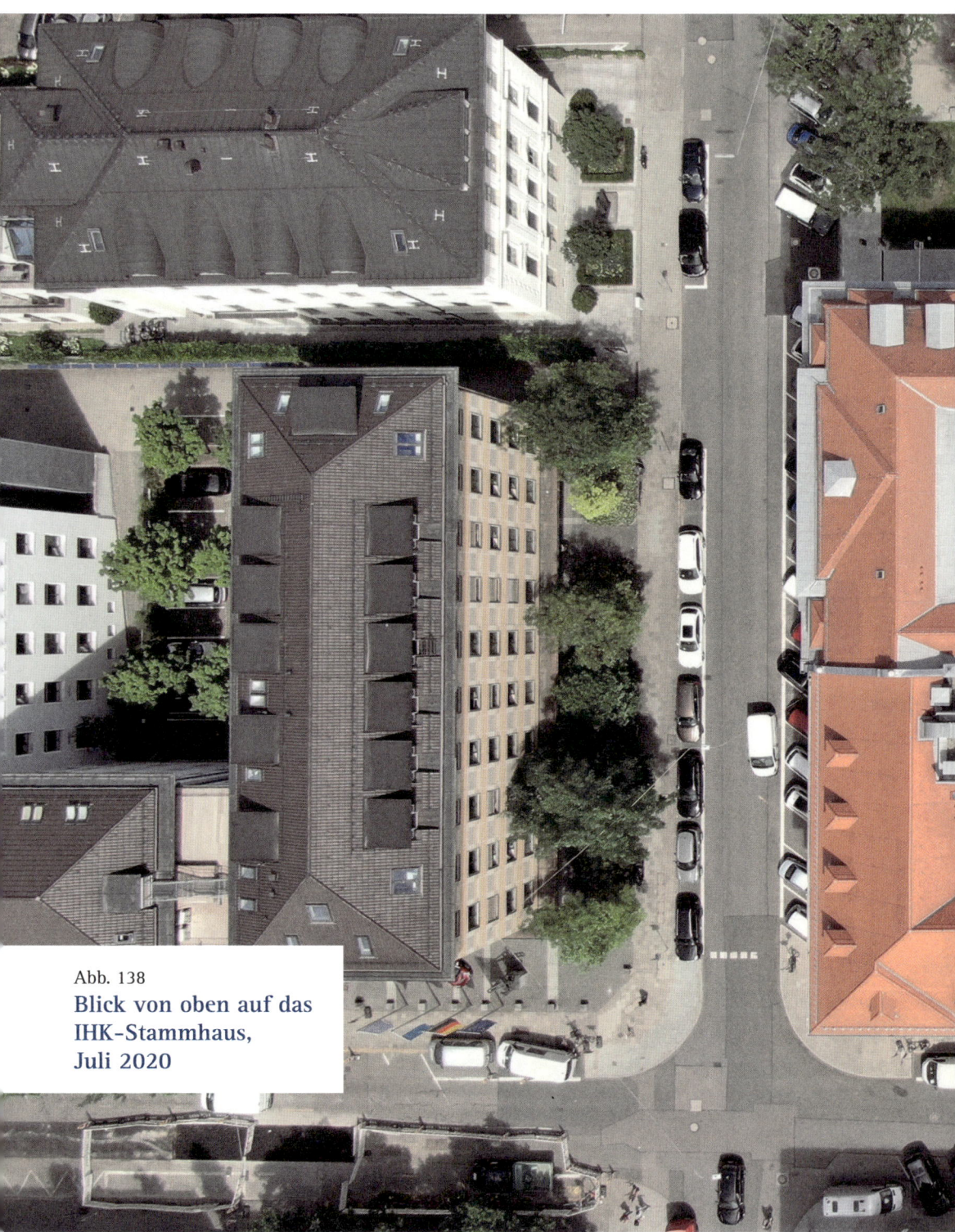

Abb. 138
**Blick von oben auf das
IHK-Stammhaus,
Juli 2020**

Abb. 139
**Blick auf den Eingang
des IHK-Stammhauses,
Juli 2020**

Abb. 140
**Blick auf das Thiersch-
gebäude, Juli 2020**

Abb. 141
Blick nach Westen über den Königsplatz, Juli 2020

Abb. 142
Blick nach Osten mit Residenz, Hofgarten und Theatinerkirche, Juli 2020

Abb. 143
Blick nach Südosten mit Frauenkirche, Juli 2020

Abb. 144
Blick nach Osten mit Residenz, Hofgarten und Theatinerkirche, Juli 2020

Anhang

Literaturverzeichnis

Bauer, Richard:
Fliegeralarm. Luftangriffe auf München
1940–1945, 2. veränd. Aufl., München 1997

Bauer, Richard:
Maxvorstadt. Zeitreise ins alte München,
hg. v. Stadtarchiv München, München 2013

**Bayerischer Architekten- und Ingenieur-
Verein (Hg.):**
München und seine Bauten, München 1913

Blössner, A.:
Wohn- und Geschäftshaus des Kunsthändlers
A. S. Drey in München, in: Der Baumeister,
Jg. 11 (1913), H. 9, S. 101 u. Tafeln 87–89

Bößl, Hans:
Gabriel von Seidl, München 1966
(= Oberbayerisches Archiv, Bd. 88)

Bredt, E. W.:
Friedrich von Thierschs „Haus für Handel und
Gewerbe", in: Kunst und Handwerk, Jg. 51
(1900/01), H. 8, S. 217–231

Cohn, Arthur u. Simon, Edmund:
Geschichte der Handelskammer München,
München 1926

Fuchs, Rainer:
Die bayerischen Industrie-und Handelskammern im Wiederaufbau 1945 bis 1948.
Zwischen amerikanischem Demokratisierungs-
willen und eigener Selbstverwaltungstradi-
tion, München 1988 (= Miscellanea Bavarica
Monacensia, Bd. 142)

Gattinger, Karl:
Das alte München. Wandel als Konstante in der
Münchner Altstadt, München 2010

**Golenia, Patrick / Kratz-Kessemeier, Kristina /
le Masne de Chermot, Isabelle:**
Paul Graupe (1881-1953). Ein Berliner Kunsthändler zwischen Republik, Nationalsozialismus und Exil, Köln / Weimar / Wien 2016

Gross, Gerhard / Haerendel, Ulrike u.a.:
München wie geplant Die Entwicklung der
Stadt von 1158 bis 2008, hg. v. d. Landeshaupt-
stadt München, Münchner Stadtmuseum,
Referat für Stadtplanung und Bauordnung,
Stadtarchiv München, München 2004
(= Katalog der Ausstellung im Münchner
Stadtmuseum)

Hofer, Veronika (Hg.):
Gabriel von Seidl. Architekt und Naturschützer,
München 2002

Huber, Brigitte:
Mauern, Tore, Bastionen. München und seine
Befestigungen, München 2015

IHK für München und Oberbayern (Hg.):
Am 7. April 1843. 125 Jahre Industrie- und
Handelskammer für München und Oberbayern,
München 1968

IHK für München und Oberbayern (Hg.):
125 Jahre Industrie-und Handelskammer für
München und Oberbayern. Daten und Fakten,
Zahlen und Namen. Nachtrag von Paul Helfrich
zu der 1968 erschienenen Jubiläumsschrift,
München 1971

IHK für München und Oberbayern (Hg.):
150 Jahre Partner der Wirtschaft. Zum
150-jährigen Jubiläum der Industrie- und
Handelskammer für München und Oberbayern
am 7. April 1993, München 1993

Kahn, Julius:
Münchens Großindustrie und Großhandel,
1. Aufl. München 1891, 2. Aufl., München 1913

Knott, Nagia:
Renovierung des Kammersaals beendet, in:
IHK Journal, 1993, H. 4, S. 15–16

Krauss, Marita:
Die königlich bayerischen Hoflieferanten,
München 2008

Krauss, Marita (Hg.):
Die bayerischen Kommerzienräte. Eine
deutsche Wirtschaftselite von 1880 bis 1928,
München 2016

Marschall, Horst Karl:
Friedrich von Thiersch (1852–1921). Ein
Münchner Architekt des Späthistorismus,
München 1982

Moser, Eva:
„...geht damit in arischen Besitz über."
Die Verdrängung der Juden aus der Münchner
Wirtschaft, in: Andrea Baresel-Brand (Bearb.):
Entehrt. Ausgeplündert. Arisiert. Entrechtung
und Enteignung der Juden (= Veröffentlichungen
der Koordinierungsstelle für Kulturgutverluste,
Bd. 3), Magdeburg 2005, S. 131–146

Nerdinger, Winfried, u. a.:
Friedrich von Thiersch – Ein Münchner
Architekt des Späthistorismus (1852–1921)
München 1977 (= Ausstellungskatalog der
Architektursammlung der Technischen Univer-
sität und des Münchner Stadtmuseums, Bd. 1)

Pringsheim, Hedwig:
Mein Nachrichtendienst. Briefe an Katia Mann
1933–1941, hg. u. kommentiert von Dirk
Heißerer, Göttingen 2013

Schiermeier, Franz:
Stadtatlas München. Karten und Modell von
1570 bis heute, München 2003

Seelig, Lorenz:
Die Münchner Sammlung Alfred Pringsheim –
Versteigerung, Beschlagnahmung, Restitution,
in: Andrea Baresel-Brand (Bearb.): Entehrt.
Ausgeplündert. Arisiert. Entrechtung und Ent-
eignung der Juden (= Veröffentlichungen der
Koordinierungsstelle für Kulturgutverluste,
Bd. 3), Magdeburg 2005, S. 265–286

Selig, Wolfram:
„Arisierung" in München. Die Vernichtung
jüdischer Existenz 1937–1939, Berlin 2004

Stern, Robert / Stern, Virgina:
Drey/Stern. A Personal History of A. S. Drey,
the Art Firm in Munich, Germany and members
of the Drey and Stern families, Washington
D. C. 2006

Toussaint, Angela:
Eine Zierde der Stadt.
München – Maximiliansplatz, das Gebäude
der Industrie- und Handelskammer im Wandel
der Zeit, Dachau 1998

Toussaint, Angela:
Historische Räume in neuem Glanz, in:
IHK Journal, 1995, H. 6, S. 9–11

o. V.
Das Haus für Handel und Gewerbe in
München, in: Deutsche Bauzeitung, Jg. 37
(1903), Nr. 83, S. 529 u. Nr. 84, S. 539)

Wanetschek, Margret:
Grünanlagen in der Stadtplanung von
München 1790–1860, München 2005

Winkel, Harald:
Wirtschaft im Aufbruch.
Der Wirtschaftsraum München-Oberbayern
und seine Industrie-und Handelskammer im
Wandel der Zeit, München 1990

Abbildungsverzeichnis

Architekturmuseum der TU München
Abb. 31–34, 46

Bayerisches Wirtschaftsarchiv, München
Abb. 10–11, 13–16, 18–29, 35–45, 47–58,
61–68, 72, 78–79, 81–83, 85–89, 95–96,
98–101, 103–110

Der Cicerone. Halbmonatsschrift für die
Interessen des Kunstforschers & Sammlers,
Jg. 4, 1912
Abb. 76–77

Goran Gajanin/Das Kraftbild
Abb. 123–125, 127–128, 130–137

Klaus Haag
Abb. 113

Tobias Hase
Abb. 129

IHK für München und Oberbayern
Abb. 111–112, 116

Münchner Stadtmuseum
Abb. 1–4, 6, 12, 17, 59

Privatsammlung Uwe Naumann, Lüneburg
Abb. 80

The PK. Odessa Co, München
Titelbild, Abb. 114–115, 117–122

Silke Reidl
Abb. 137–144

Dr. Elisabeth Schürer-Necker
(Nachlass Hans Schürer)
Abb. 84, 88–89

Siemens Historical Institute Archiv, Berlin
Abb. 97

Staatliche Graphische Sammlung München
Abb. 5

Stadtarchiv München
Abb. 7–9, 60, 69–70, 71, 73

Privatbesitz Familie Stern
Abb. 74–75

UniCredit Bank AG –
Corporate History, München
Abb. 94

Prof. Dr. Wolfgang Wirth, München
Abb. 102

Danksagung

Beim Zustandekommen dieses Buches habe ich von vielen Seiten hilfreiche Unterstützung erhalten, für die ich sehr herzlich danke. Mein großer Dank geht an die Kolleginnen und Kollegen des Stadtarchivs München, besonders an Dr. Andreas Heusler, der mir die Familienchronik Drey zur Verfügung stellte. Auch dem Stadtmuseum München, der Staatlichen Graphischen Sammlung sowie dem Siemens Historical Institute in Berlin bin ich zu Dank verpflichtet. Eine große Hilfe war mir auch Dr. Anja Schmidt, Leiterin des Archivs beim Architekturmuseum der TU München, die sich trotz Umzugsarbeiten immer Zeit für meine Anliegen nahm. Der umfangreiche Nachlass des Architekten Friedrich von Thiersch ist in einer Datenbank der Sammlung des Architekturmuseums bequem zugänglich und hervorragend aufbereitet. Sehr zu danken habe ich Dr. Dirk Heißerer. Der profunde Thomas-Mann-Kenner hat mich darauf aufmerksam gemacht, dass die Schwiegereltern des Schriftstellers, Alfred und Hedwig Pringsheim, nach der Beschlagnahme ihrer Villa durch die Nationalsozialisten am Maximiliansplatz 8 einzogen. Die von ihm herausgegebene, eindrucksvolle Edition der Briefe von Hedwig Pringsheim an ihre Tochter Katia Mann bieten einen lebhaften Eindruck von der Lebenssituation im ehemaligen Drey-Haus. Dr. Heißerer hat mir auch den Kontakt zu Dr. Uwe Naumann vermittelt, der mir ein Foto des Ehepaars Pringsheim zur Verfügung stellte. Ich danke Dr. Elisabeth Schürer-Necker, die die Abdruckerlaubnis für Aufnahmen ihres Vaters, des Fotografen Hans Schürer, erteilte. Er hielt seinerzeit die „Stunde Null" im zerstörten München in großer Intensität fest. Das Fotografenteam von The PK. Odessa Co – Markus Lanz und Sebastian Schels – begleiteten die Sanierung des IHK-Stammhauses mit ihrer Kamera und dokumentierten in eindrucksvollen Bildern den Sanierungsprozess. Herzlichen Dank dafür! Sehr zu Dank verpflichtet bin ich auch Silke Reidl von der IHK München. Sie hat mit ihrer Drohne völlig neue und ungewöhnliche Ansichten des IHK-Stammhauses und seiner Umgebung aufgenommen. Großer Dank gebührt auch dem Team des Bayerischen Wirtschaftsarchivs: Dr. Richard Winkler, Dr. Harald Müller und Gabriele Waldkirch. Sie haben aufmerksam und gründlich alle Texte gelesen. Herr Dr. Müller hat zudem die Bildmotive des Bayerischen Wirtschaftsarchivs in großartige Scans umgesetzt, auch dafür herzlichen Dank. Ich danke Gerti Oswald, Abteilungsleiterin der IHK für München und Oberbayern, für ihre kritische Durchsicht und wichtigen Hinweise. Zu Dank verbunden bin ich aber auch dem Volk Verlag für die sehr gute Zusammenarbeit. Ein großer Dank geht auch an Melanie Baldin von der Agentur Ideenmühle, die das vorliegende Buch ideenreich und mit viel Einfühlungsvermögen grafisch gestaltet hat.

Impressum

Herausgeber:
IHK für München und Oberbayern

Veröffentlichungen des Bayerischen Wirtschaftsarchivs, Band 7

2020 Volk Verlag München
Neumarkter Straße 23, 81673 München
Tel. 089/420 79 69 80, Fax 089/420 79 69 86
www.volkverlag.de

Druck und Bindung: Kösel GmbH & Co. KG, Krugzell
Gestaltung: Ideenmühle GmbH, Eckental

ISBN 978-3-86222-350-3